Paul Josef Jakobius

Marias große Botschaft an Deutschland und an die Welt

Mediatrix-Verlag

84503 Altötting, Kapuzinerstraße 7

Bestelladresse für Deutschland:
Mediatrix-Verlag, D-84503 Altötting, Kapuzinerstraße 7.

Bestelladresse für Österreich:
Mediatrix-Verlag, A-3423 St. Andrä-Wördern, Gloriette 5.

ISBN 978-3-942173-03-2

1. Auflage 2010

Mediatrix-Verlag

84503 Altötting, Kapuzinerstraße 7

Inhaltsverzeichnis

Vorwort

Inmitten von lautem Getöse der Medien, der allgegenwärtigen Überschwemmung durch die Werbung und der überbordenden Zerstreuung, allen voran des Fernsehens, und der immer mehr zunehmenden Informationsflut des Internet zeigen sich immer deutlicher jene Zeichen, die Christus „die Zeichen der Zeit“ nannte (Mt. 16, 1 – 4) und auch jene Zeichen, die der Herr in seiner Endzeitrede (vgl. Mt. 24) genannt hat.

Staatspleiten drohen vielen Ländern! Unüberhörbar sind die alarmierenden Nachrichten, Meldungen, Berichte und Analysen! Wieder einmal hat maßlose Gier unsere Welt an den Abgrund einer Katastrophe gebracht. Vor allem die wachsende Weltwirtschaftskrise ist ein Menetekel, ein unheildrohendes Zeichen. Es ist die schlimmste Wirtschaftskrise seit 1929.

In unserer Zeit, in der sich weltweite Zerstörung ankündigt, mehren sich die flammenden und rauchenden Zeichen. Unübersehbar braut sich, von vielen unbemerkt, ein Geschehen zusammen, das sich in der Katastrophe eines Dritten Weltkrieges zu entladen droht. Es kommen, wie das vorliegende Buch zeigt, Ereignisse, die wir uns kaum vorstellen können. Maria erscheint, da die Zeit nahe ist. Die Zeit der antichristlichen, antizkirchlichen Weltmacht...

In den letzten 50 Jahren haben die Marienerscheinungen weltweit sehr stark zugenommen, was auf eine endzeitliche Situation hinweist, die biblisch prophezeit ist. So lautete auch eine der Kernbotschaften der Gottesmutter in Marpingen 1999: „Ich bin jetzt wiedergekommen in schwer bedrängter Zeit“. „Vor den Toren Deutschlands stehe ich weinend, wie Christus über Jerusalem geweint hat...“

Im Jahr 1999 erschien von Mai bis Oktober die hl. Jungfrau Maria drei jungen Frauen in dem kleinen saarländischen Ort Marpingen nahe Saarbrücken und gab dringliche, aufrüttelnde Botschaften, die darin gipfelten, dass sie sagte: „Ich komme als letzte Mahnung für Deutschland“. Dem von vielen Mystikern und Heiligen vorausgesagten Triumph der Kirche werden - wie das vorliegende Offenbarungsbuch zeigt - dramatische und apokalyptische Ereignisse vorausgehen...

Auch für Marpingen gilt das Wort der Heiligen Schrift: „Löscht den Geist nicht aus! Verachtet prophetisches Reden nicht!...“(1. Thess. 5, 19 f.)

Marias große Botschaft an Deutschland und an die ganze Welt

Wo Gottes Wort mit Zeichen und Wundern verkündet wird, da strömen die Menschen zusammen...

Ich glaube, es war der 14. Juli 1999, als ich mich innerlich sehr gedrängt fühlte, die Tageszeitung einer großen deutschen Boulevard-Presse zu kaufen, obwohl ich mir schon einige Zeit abgewöhnt hatte, diese Zeitung zu lesen.

Als ich sie aufschlug, war eine groß aufgemachte Reportage über eine angebliche Marienerscheinung, die in einem Dorf mit Namen „Marpingen" (Saarland) gerade stattfindet, darin zu finden. Die Zeitung berichtete, dass drei jungen Frauen die Muttergottes erscheint. Die nächste Erscheinung Mariens sollte laut dem Zeitungsbericht am Sonntag, dem 18. Juli, stattfinden.

An diesem Sonntag erwartete die 5.000-Seelen-Gemeinde einen Pilgeransturm von etwa 15.000 Gläubigen aus ganz Deutschland und sogar Europa.

Ich selbst war am 16. 10. 1989 aus der römisch-katholischen Kirche ausgetreten, in die ich aber Ende Februar 1999 wieder eingetreten bin. Der Grund dafür war, dass ich auf dem Höhepunkt einer Lebenskrise, Mitte Januar 1999, den berühmten Strohhalm suchte.

In meiner Not erinnerte ich mich daran, dass meine Mutter, die eine große Marienverehrerin war, uns Kindern immer wieder erzählte, wie Maria ihr in großen Notzeiten, hauptsächlich gleich nach dem Krieg, in schier ausweglosen Situationen immer wieder auf wunderbare Weise geholfen hätte.

Nun war ich selbst in eine Lebenslage geraten, aus der ich beim besten Willen nicht wusste, wie ich da wieder herauskommen soll. Die Verzweiflung war so groß, dass sich sogar Selbstmordgedanken breitmachten. Man weiß, dass große Not und Lebenskrisen manche Menschen dazu bringen sich damit zu beschäftigen, andere wiederum knien sich hin und beten.

Ich entschied mich, die zweite Variante auszuprobieren und es meiner Mutter nachzumachen, mich hinzuknien und zu beten. Ich muß jedoch gestehen, dass ich keine allzugroße Hoffnung auf das Gebet hatte, da ich die Marienverehrung meiner Mutter doch ein wenig belächelte und es mehr oder weniger für fromme Schwärmerei hielt. Aber wie sagt der Volksmund? Not lehrt beten.

Seit meinem 18. Lebensjahr besuchte ich kaum noch eine Kirche, nur notgedrungen bei Hochzeiten, Taufen oder aus welchen Gründen auch immer, wenn ich mich aus Pflicht der Familie, der Verwandtschaft oder Freunden gegenüber eben nicht drücken konnte.

Ich war der typische „U-Boot-" und „Taufschein-Christ", der irgendwann einmal auftaucht, um aus Pflicht heraus die Schwelle der Kirchentür zu überschreiten.

Es war aber beileibe nicht so, dass ich den christlichen Glauben verloren hätte, aber mit der Kirche und dem „Drumherum" hatte ich nichts im Sinn, deshalb auch der Kirchenaustritt 1989.

Der berufliche Aufstieg und die Werte der Gesellschaft etc. waren das, was mich viel mehr interessierte und für das ich meine ganze Energie einsetzte.

Aber jetzt brauchte ich einen Strohhalm; ich fand ihn in einer alten, zwar sehr schönen, aber auch sehr beschädigten, etwa 40 cm hohen Marienstatue aus Gips, die ich für meinen Bruder, der sie von einer Urlaubsreise mitbrachte, restaurieren sollte und die sich deshalb in meinem Haus befand. Ich selbst hatte keinerlei religiöse Gegenstände, die ich mein Eigen hätte nennen können.

Auf jeden Fall holte ich diese Marienstatue, stellte sie im Schlafzimmer auf ein Regal, allerdings mit schlechtem Gewissen meinem Bruder gegenüber, da ich sie schon länger im Haus und es doch nicht fertiggebracht hatte, sie endlich zu restaurieren.

Es war schon eine peinliche Situation Mitte Januar 1999. Auf der einen Seite ich, in einem erbärmlichen seelischen Zustand, andererseits eine Madonnen-Figur auf dem Regal stehend, die vom äußeren Erscheinungsbild her ebenfalls sehr mitgenommen aussah, mit einer abgebrochenen Nase, teilweise fehlenden Fingern und auch farblich abgewetzt und abgenutzt.

Ich war jedenfalls froh, dass meine Familie - ich habe noch vier Geschwister -, meine Freunde und Bekannten, mich und die gegenüberstehende Madonnen-Figur nicht sehen konnten.

So manche dieser Personen hätte wahrscheinlich Mitleid bekommen, aber es ist auch nicht ausgeschlossen, dass so manche darunter gewesen wären, die schallend gelacht hätten. Einige Possenschreiber hätten vielleicht auch eine gewisse Inspiration erhalten für das Gestalten von Situationskomik oder als Sketch für eine Comedy-Sendung. Daß dies möglich gewesen wäre, habe ich an dem Gesichtsausdruck meiner Lebensgefährtin Christina gesehen, die ins Schlafzimmer kam, um nachzusehen, wo ich sei, da sie etwas von mir wissen wollte. „Was machst denn du hier?", fragte sie mich höchst erstaunt und kopfschüttelnd, als sie mich knieend vor dem Regal sah und gegenüber diese Heiligenfigur, die ihr unbekannt war. Ich muß dazu sagen, dass Christina zu diesem Zeitpunkt ungetaufte Atheistin und solche für sie merkwürdigen Dinge von mir nicht gewohnt war. Belustigt feixend und kopfschüttelnd verließ sie das Zimmer.

Ich stand auf und setzte mich in einen Sessel, da ich mir einerseits schäbig vorkam, jetzt in meiner Not himmlischen Beistand zu holen, da ich mich vor meiner Krise um Gebet oder sonstige fromme Übungen überhaupt nicht gekümmert hatte.

Andererseits, ich, der stolze Macher, für den ich mich immer gehalten habe, kniet vor einer Figur, die so schäbig aussieht, wie ich mich selber fühle. Das war für mich seinerzeit nicht akzeptabel.

In meiner Verzweiflung überwand ich mich letztendlich doch wieder und kniete mich erneut hin. Einige Zeit verharrte ich in dieser Situation schweigend; ich wusste einfach nicht, was ich jetzt sagen sollte. Ich versuchte es mit Gebeten wie dem Ave Maria und dem Vaterunser und musste dabei feststellen, dass ich die Gebete aus meiner Kinder- und frühen Jugendzeit fast verlernt hatte.

Es war mehr ein peinliches Gestammel als Gebet. Dann fasste ich Mut und sagte zur Madonnenfigur gerichtet: „Wenn es dich wirklich gibt und wenn du tatsächlich in Lourdes und Fatima erschienen bist und wenn es wahr ist, was meine Mutter früher immer erzählte, dass du ihr in ihren schwierigen Situationen immer geholfen hast, dann musst du mir jetzt auch helfen, denn ich weiß nicht mehr weiter."

Plötzlich hörte ich mich klar und deutlich sagen: **„Jesus hat mich euch am Kreuz zur Mutter geschenkt, ich bin auch deine Mutter."** Ich bin regelrecht erschrocken. Ich konnte es nicht fassen, dass ich das gesagt hatte. Die Folge davon war, dass ich plötzlich weinen musste, und zwar so stark, dass ich mich nicht erinnern konnte, in meinem ganzen Leben jemals so geweint zu haben.

Die Tränen liefen, ganze Sturzbäche, ich konnte sie nicht aufhalten. Was würde Christina sagen, wenn sie jetzt zur Tür hereinkäme und mich so sähe?

Ich stehe auf, mache vorsichtig die Tür auf, überprüfe die Situation, wo Christina steckt, denn ich will nicht, dass sie mich in meinem Zustand sieht. Ich muß aber ins Wohnzimmer, um an die alte Bibel heranzukommen, die irgendwo im Bücherregal steht, um nachzusehen, wo etwas Ähnliches geschrieben sein könnte von dem, was ich mich vorhin sagen hörte.

Als ich – ungesehen – mit der alten Bibel endlich wieder im Schlafzimmer bin, blättere ich lange darin, um evtl. fündig zu werden. Nach mühevollem Suchen finde ich eine Stelle. Im Johannes-Evangelium lese ich: „Bei dem Kreuz Jesu standen seine Mutter und die Schwester seiner Mutter, Maria, die Frau des Klopas und Maria von Magdala. **Als Jesus seine Mutter sah und bei ihr den Jünger, den er liebte, sagte er zu seiner Mutter: Frau, siehe, dein Sohn! Dann sagte er zu dem Jünger: Siehe, deine Mutter! Und von jener Stunde an nahm sie der Jünger zu sich“** (Joh. 19, 25 – 27).

Ratlos sitze ich da und weiß immer noch nicht, was ich glauben und davon halten soll. Dann sage ich zur Madonnenfigur gerichtet: „Wenn du mir wenigstens ein Zeichen schicken würdest, dann könnte ich besser glauben.“

Im gleichen Moment bemerke ich einen Duft im Raum, der immer stärker wird. Erschrocken stehe ich auf, vielleicht, so denke ich, kommt er von der Straße, das Fenster ist jedoch zu.

Das Fenster zum Garten hin ist auch zu, außerdem ist es Mitte Januar, kann also kein Blütenduft sein. Als ich näher an die Statue komme, wird der Duft immer stärker. Ich überzeuge mich, der wunderbare Duft kommt von der alten Statue.

Mittlerweile ist das ganze Zimmer in einen wunderbaren, unglaublich schönen Duft gehüllt.

Das Markanteste an dem Geruch war, dass er kristallklar, heiter und - wenn man so will - auch majestätisch erhaben roch. Anders kann man ihn nicht beschreiben.

Ich will jetzt wissen, ob Christina diesen Duft auch wahrnimmt oder ob ich ihn mir nur einbilde. Ich rufe also Christina; als sie das Zimmer betritt, bemerkt sie sofort selbst den wunderbaren Geruch und fragt mich erstaunt, woher denn dieser Duft kommt? Ich sage zu ihr, sie solle bitte mal näher an die Statue gehen, die auf dem Regal steht.

Als sie näher an sie herangeht, spürt auch sie die größer werdende Intensität des Geruchs. Christina ist genauso fassungslos wie ich. Fasziniert atmen wir ihn bewusst ein. Nach einer geraumen Zeit wird er immer schwächer, bis er ganz verschwunden ist und auch das ganze Zimmer wieder normal riecht.

Ich hatte also mein Zeichen bekommen, um das ich gebeten hatte und zwar schneller als ich es jemals erhofft hätte. Wobei ich sagen muß, dass ich in dem Moment, als ich um ein Zeichen bat, selbst nicht daran geglaubt habe, jemals eines zu bekommen. Mein Verstand hat das von vornherein im Grunde genommen völlig ausgeschlossen.

Damals konnte ich nicht ahnen, dass dieses Dufterlebnis nur der Beginn einer Reihe größerer Zeichen war und dass mit diesem Tag der Auftakt einer völligen Persönlichkeits- und Bewusstseinsveränderung verbunden war, die ich vorher so niemals für möglich gehalten hätte. Sechs Wochen später kehrte ich – mit großer Liebe – wieder nach Hause, in die römisch-katholische Kirche, zurück.

Die Marienerscheinungen in Marpingen waren 1999 das Thema in den deutschen Medien einschließlich dem Fernsehen und wurde auch in vielen Berichterstattungen und Talk-Shows gesendet.

Christina und ich besuchten zum ersten Mal die Erscheinungen in Marpingen am 18. Juli 1999 und fünf weitere bis zu ihrem Ende am 17. Oktober 1999. Die öffentlichen Marienerscheinungen fanden in dem kleinen Dorf im Saarland, unweit von Saarbrücken, von Mai 1999 bis Oktober 1999 statt. Insgesamt waren es 13 an der Zahl.

Die Marienerscheinungen, die wir in Marpingen miterleben durften, zählen nicht nur für mich persönlich zu den schönsten Erlebnissen, die ich in meinem Leben erfahren durfte, auch für Christina und viele andere Menschen, die an den Erscheinungstagen anwesend waren, sind zu entscheidenden Tagen ihres Lebens geworden, wie man mir später berichtete.

Man sagt, dass von allen Wundern die Bekehrung eines Menschen zum Glauben das größte Wunder sei. Christina, eine sehr kritische und selbstbestimmte Person, absolut atheistisch aufgewachsen und erzogen, durfte dieses Wunder selbst an sich erleben.

Die Bekehrung Christinas ereignete sich schon bei unserem ersten

Besuch in Marpingen während der Erscheinung am 18. Juli 1999. Im Januar 2000 trat Christina in die römisch-katholische Kirche ein und wurde während der Hl. Messe in der Karlsruher Stadtkirche St. Stephan getauft. Ich durfte ihr Taufpate sein.

An jenem denkwürdigen Tag Mitte Januar '99, als ich mich selbst sagen hörte „Jesus hat mich euch zur Mutter geschenkt, ich bin auch deine Mutter", bekam ich quasi als Bestätigung das Duftzeichen.

Am 18. Juli '99 bei unserem ersten Besuch in Marpingen lautete eine der ersten Botschaften Mariens: „Meine Kinder, ich freue mich sehr, dass ihr hierhergekommen seid und meinem Rufen gefolgt seid." Und: "Ich komme auch heute wieder **als Mutter aller meiner Kinder** und ich wünsche mir nichts sehnlicher, als dass meine Kinder sich führen lassen von mir. Wiederum reiche ich euch meine Hand. Nehmt sie an und lasst euch führen, wie eine Mutter ihr kleines Kind führt. Vertraut! Vertraut und glaubt! Ich lasse euch nie allein. Ich bin immer bei euch und trage all eure Sorgen und Nöte, aber auch eure Freude mit euch. Ich kenne euch, **jeden von euch,** und ich helfe euch. Habt keine Angst!..."

Und am 5. September: „Kommt zu mir, damit ich euch führen kann! Vertraut mir wie ein kleines Kind! **Ich bin eure Mutter!** Mehr noch: Ich will es verdeutlichen: **eure Mama, eure himmlische Mama! Kommt zu mir."**

„Ja, Mutter", dachte ich ziemlich ergriffen, „ich habe endlich begriffen!"

Ich möchte noch eine kleine Episode erzählen.

Als ich Mitte Januar mehr stammelte als dass ich betete, sagte ich zur Madonnen-Statue gewandt: „Ich kann nur einigermaßen das Ave Maria und das Vaterunser beten, aber zu dem, der uns erlöst hat, zu Jesus Christus, kann ich noch nicht einmal stückweise beten, da ich kein Gebet zu ihm kenne."

Am 21. August '99 lautete die erste Botschaft: „Meine Kinder, ich schenke euch heute ein Gebet, damit ihr dem Herzen Jesu Freude bereiten könnt: Das Gebet lautet:

> „O Jesus, ich liebe dich so sehr. Nimm mich,
> nimm mein ganzes Sein. Führe mich zu dir!

O Jesus, dein Kind möchte ich sein. In Freud und Leid, laß mich bitte nicht allein!

O Jesus, ich liebe dich so sehr. Nimm mein Herz, denn ich möchte teilen deinen großen Schmerz!

O Jesus, ich liebe dich so sehr. Nimm alles von mir weg, was mich hindert auf dem Weg zu dir. Amen."

Ich war fassungslos, danke, Mutter! Aber es sollte noch viel besser kommen im Verlauf der Erscheinungen von Marpingen (davon später mehr).

Die Marienerscheinungen in Marpingen von 1999 kamen nicht überraschend.

Das heißt, man wartete nun schon seit genau 123 Jahren darauf. Im Jahre 1876 erschien damals drei achtjährigen Mädchen im Härtelwald, am Dorfrand von Marpingen gelegen, wo auch jetzt die Erscheinungen stattfanden, schon einmal die hl. Jungfrau Maria. Sie verabschiedete sich seinerzeit von den Mädchen mit den Worten: **„Ich komme wieder in schwer bedrängter Zeit."**

Die ersten Botschaften 1999 lauteten dann auch so (17. Mai 1999): **„Ich komme als Mutter für Deutschland"** und **„Ich will den Triumphzug meines unbefleckten Herzens in Marpingen beginnen."** Am 26. Mai 1999: **„Ich habe versprochen, hierher zu kommen, und das tue ich auch jetzt, denn die Zeit ist nahe.**

Beim Beginn der Erscheinung 1999 nimmt die hl. Jungfrau direkt Bezug auf ihr Versprechen von 1876 und gibt den heutigen Seherinnen am 7. Juni 1999 die Botschaft: **„Ich habe versprochen, wieder hierher zu kommen in einer schwer bedrängten Zeit, und ich halte meine Versprechen... Ich bin jetzt wieder hier. Ich bedanke mich noch einmal bei den Menschen, die die Kapelle instand gehalten haben und sie mit den schönen Blumen ausgeschmückt haben über Jahrzehnte lang. Ich bedanke mich für das Gebet. Das Gebet, das ich angenommen habe und zu meinem Sohn gebracht habe. Mit diesem Gebet, das seit Jahrzehnten hier gesprochen wurde, wurde schon viel in der Welt geholfen..."**

Waren es 1876 drei kleine achtjährige Mädchen, die Botschaften Mariens bekamen, so waren es 1999 drei erwachsene junge Frauen, was auch bedeuten könnte, dass die Zeit erwachsen wurde, d.h. reif werden musste für eine schwer bedrängte Zeit.

Die drei jungen Frauen der Marpinger Botschaften von 1999 wohnten in verschiedenen Orten und kannten sich bis dato nicht. Sie fanden erst durch die Ereignisse in Marpingen zueinander.

Die drei Frauen sind: **Judith Hiber,** zur Zeit der Erscheinung 35 Jahre alt und ledig, Rechtsanwaltsgehilfin beim Landgericht in Saarbrükken. Während der öffentlichen Erscheinungen hört Judith nur die Botschaften. Sie sieht nichts. Sie spricht die Worte, die sie hört, auf ein Diktiergerät. Sie ist während der Erscheinung nicht in Ekstase, wohl aber in einem eingeengten Bewusstsein.

Marion Guttmann ist zum Zeitpunkt der Marpinger Ereignisse 30 Jahre alt, verheiratet, Hotelkauffrau und stammt aus Neunkirchen. Auf die Bitte der Muttergottes zog sie sich aus dem Berufsleben zurück und ist seitdem Hausfrau. Marion ist während der Erscheinungen in Ekstase, hört und sieht die Muttergottes.

Christine Ney-Niedercorn ist seinerzeit 25 Jahre, verheiratet und stammt aus Ensdorf, wohnt aber in Frankreich. Nach dem Abitur studierte sie und wollte Grund- und Hauptschullehrerin werden mit Hauptfach Musik. Sie brach aber das Studium ab, auch auf Anraten der Muttergottes, um sich in ihren Dienst zu stellen. Christine hört und sieht die hl. Jungfrau Maria ebenfalls im Zustand der Ekstase.

Vor der großen Erscheinungsreihe 1999 gab es am 16. Juli 1983 schon eine Botschaft an einen Pilger, der in der Gnadenkapelle im Härtelwald betete. Maria „diktierte" ihm eine sehr eindeutige Botschaft, die auch Papst Johannes Paul II. übermittelt wurde. Hier die gekürzteBotschaft: „Mehr als hundert Jahre meiner Offenbarungen sind vergangen. Ihr habt weder das Gnadenbild noch meine Botschaft (Anm.: von 1876) verstanden. Man hat meine Botschaften verdreht und lächerlich gemacht: Ihr sollt sündigen und nicht beten. Ich habe euch gesagt, wie ihr wahrhaft christlich leben sollt und was zur Sünde führt. Ich habe euch die Hölle gezeigt für die Sünder, die ewig verloren gehen. Ich habe euch das größte aller Wunder gezeigt, das Sonnenwunder (Anm.:

1917 in Fatima). Viele waren Zeugen. Doch eure Sünden und Laster haben den Zorn Gottes und den zweiten Weltkrieg herausgefordert.

Auch diese Drangsale waren wieder vergessen. Ihr macht euch lustig über meine Botschaften und über alle, die beten und auf das Gnadenwasser vertrauen...

Der Fürst dieser Welt hat euch für Gottes Gebote und Offenbarungen blind gemacht. Euer Leben ist kein christliches mehr, sondern das Leben des neuen Heidentums... Unheil und Krieg werden euch überraschen. *Vor den Toren Deutschlands stehe ich weinend wie Christus über Jerusalem geweint hat.* Wie oft habe ich euch durch meine Offenbarungen gemahnt!"

Nicht nur von evangelisch-protestantischer Seite werden Botschaften und Erscheinungen Mariens abgelehnt, sondern allzusehr auch katholischerseits, darunter von Klerikern jeden Ranges.

Oft werden die Erscheinungen und Botschaften abgelehnt mit der Begründung, dass mit dem Tod des letzten Apostels die Offenbarungen Gottes abgeschlossen wären. Dies ist zwar richtig, aber ganz so einfach ist es doch nicht.

Wie wir im Alten Testament ersehen können, hat Gott zu allen Zeiten seines Volkes Propheten gesandt, um Israel zu warnen oder auf den Weg des Heils zurückzuführen, wenn sie ihn verlassen haben. So wie Gott im Alten Testament Propheten benutzte zum Wohle seines Volkes, so tut er es ganz gewiss auch im Neuen Testament des globalen Israel, der Christenheit. Es kann doch nicht sein, dass der lebendige Gott heute im Gegensatz zum Alten Testament schweigt, wenn, wie Jesus im Evangelium angekündigt und prophezeit hat, Irrlehrer und falsche Propheten kommen werden, um die Christen vom Weg des Heils abzubringen. Früher sandte Gott auserwählte Propheten, die seine Botschaften verkündeten, und heute ist es hauptsächlich die Königin der Propheten, seine heilige Mutter, die er schickt, um die Menschen, jedenfalls die guten Willens sind, zu warnen und im rechten, heilsbringenden Glauben zu bewahren.

Außerdem bestätigt die Hl. Schrift selbst kommende Propheten für unsere Zeit (z.B. Joel 3, 1 - 4) oder Jesus selbst (vgl. Mt. 23) sagt, dass er Schriftgelehrte und Propheten schicken wird.

Natürlich ist nicht alles Gold, was glänzt, das heißt, daß der Widersacher nicht schläft und ebenfalls Menschen benutzt, um Botschaften zu geben, die schlicht und einfach nicht von Gott sind, um die guten und echten Erscheinungen in Verruf zu bringen oder einfach nur zu Verwirrung und Zweifel zu führen. So sagte auch schon Paulus: „Prüft alles und behaltet das Gute!" (1. Thess. 5, 21).

Ich komme als letzte Mahnung für Deutschland!

Waren die Erscheinungen und Botschaften von Fatima im Jahr 1917 für die ganze Welt, so wurden die Botschaften in Marpingen 1999 in erster Linie ganz speziell für Deutschland gegeben, aber natürlich auch für den Rest der Welt.

Am 5. September 1999 lautete die Botschaft: **„Ich bin von meinem Sohn an diesen Ort geschickt worden als letzte Mahnung für Deutschland. Bekehrt euch, meine Kinder! Bekehrt euch! Bekehrt euch!"**

Die Erscheinungen und die Botschaften von Marpingen 1999 sind in ihrer Art, speziell für ein Land gegeben, einmalig in der Welt. Mir ist keine einzige Marienerscheinung weltweit bekannt, in der die Muttergottes einem Land und Volk wie Deutschland spezielle und exklusive Botschaften gab wie in Marpingen 1999.

Mir ist auch nicht bekannt, dass Maria irgendwo auf der Welt vor über hundert Jahren erschienen ist und (wie 1876 in Marpingen) angekündigt hat, wiederzukommen in schwer bedrängter Zeit, um dann ihr Versprechen wahrzumachen, wie es 1999 geschehen ist.

Sie ist gekommen, weil „die Zeit nahe ist", wie sie sagt.

Welche Zeit ist nahe? Die Aussage eines Papstes soll hier die Antwort geben: Am 9. November 1976 sagte Kardinal Karol Woijtyla, wenige Monate vor seiner Wahl zum Papst: ***„Wir stehen vor der größten Schlacht, die die Menschheit je gesehen hat.*** **Ich denke nicht, dass die Gemeinschaft der Christen dies vollends begriffen hat.**

Wir stehen heute vor dem Endkampf zwischen der Kirche und der Anti-Kirche, zwischen dem Evangelium und dem Anti-Evangelium."

In dieser letzten großen Schlacht, die der verstorbene Papst angekündigt hat, spielt Deutschland eine entscheidende Rolle, wie wir später sehen werden.

Mir ist auch nicht bekannt, dass die hl. Jungfrau Maria in irgendeinem Land erschienen wäre, um ein Volk und Land letztmalig zu mahnen. Diese Mahnung Mariens ist nicht als Drohung zu verstehen, sondern als große Liebe und Sorge für dieses Volk, da sie als besorgte Mutter kommt. Diese Sorge Mariens für Deutschland kann in einer Botschaft vom 5. September 1999, gegeben durch Christine, verdeutlicht werden. **„Meine Kinder, ich freue mich sehr, dass ihr meinem Rufen gefolgt seid und hierher gekommen seid. Ich liebe euch alle und schließe euch in mein unbeflecktes Herz. Es soll eure Zufluchtsstätte sein und euer Trost. Ich bin von meinem Sohn an diesen Ort geschickt worden als letzte Mahnung an Deutschland. Bekehrt euch, meine Kinder! Bekehrt euch! Bekehrt euch!**

Die Gnaden der Bekehrung stehen vom Himmel bereit, aber ihr müsst sie annehmen. Jede Gnade der Bekehrung, die von euren Herzen abgestoßen wird, ist wie ein Pfeil, der in das Herz meines göttlichen Sohnes trifft und ihn schwer verwundet und traurig stimmt. Nehmt die Gnadenflut an, die der Himmel euch schicken möchte! Sie steht bereit!

Betet, Betet! Und bekehrt euch! Betet den Rosenkranz! Besucht meinen Sohn in der Kirche! Empfangt die Sakramente! Seid treu dem Papst! Beichtet! Der Widersacher ist so stark, aber am Ende wird mein unbeflecktes Herz ´triumphieren. Habt keine Angst, meine Kinder, es ist alles im göttlichen Plan.“

Durch Judith: **„Meine Kinder, ich komme heute, um von euch, die ihr hier seid, und allen meinen Kindern in Deutschland zu fordern: Ihr müsst Buße tun, und ihr müsst mit mir zusammen Deutschland für den Himmel zurückgewinnen. Deutschland ist so weit von Gott entfernt. Es geschehen am Tag so viele Sünden. Die Sündenflut, die allein von Deutschland zum Himmel steigt, würde schon die Gerechtigkeit Gottes herabfordern.**

Meine Kinder, ich komme, um euch zu bitten, mir zu helfen. Ihr könnt nicht verstehen, und ich glaube auch, dass ihr es nicht erahnen könnt, wie groß mein Schmerz ist, sehen zu müssen, wie der Teu-

fel in Deutschland sein Spiel gewinnt, weil ihr Menschen auf ihn hört. Ihr dürft euch nicht ihm überlassen! Ihr seid von Gott geschaffen für den Himmel, und ich erwarte von euch, dass ihr mir helft, Deutschland für den Himmel zurückzugewinnen. Ihr müsst beten, ihr müsst mir vertrauen, ihr müsst mir eure Familien, eure Gemeinden, euer Land, also ganz Deutschland, jeden Tag weihen. Die Weihe an mein unbeflecktes Herz, an das Herz, das eure Zuflucht ist, an das Herz, das euch in Sehnsucht erwartet, an das Herz, das für euch schlägt.

Ich bringe alle eure Anliegen, die ihr mir stellt, jeden Augenblick vor Gottes Thron. Ich sage ihm auch meinen Schmerz, aber sein Herz ist ebenso wund wie meines, wenn er auf Deutschland blickt. Noch, meine Kinder, noch blickt er mit der Barmherzigkeit und mit der Liebe seines Herzens auf euch. Aber wenn ihr euch nicht bessert, wenn ihr nicht wieder Gott liebt, euch nach den Geboten Gottes richtet, nach den Geboten der Kirche lebt, dann weiß ich nicht, ob ich den strafenden Arm Gottes aufhalten kann.

Meine Kinder, ich flehe euch heute an, ich bitte euch nicht, ich flehe euch heute an: Helft mir! Helft mir, es ist so an der Zeit! Ich habe Eile, ich habe keine Zeit mehr! Es ist so spät! Ihr müsst endlich alle aufwachen! Es gibt kein Aufschieben, kein Warten mehr. Ihr müsst endlich Ernst machen in eurem eigenen Leben! Und so mit mir gemeinsam Deutschland retten. Meine Kinder, ich liebe euch so sehr. Ich liebe euch so sehr. Aus diesem Grund hat Jesus mich hierhergeschickt. Aus diesem Grund flehe ich heute zu euch. Es ist keine Bitte mehr. Es ist ein Flehen...“

Im Mutterland der Reformation, der Kirchenspaltung im 16. Jahrhundert, werden Dinge vorbereitet, auf die wir später noch kommen werden, die das Flehen Mariens für Deutschland im Laufe der Botschaft Mariens verständlicher machen werden.

In Medjugorje, in Bosnien-Herzegowina, finden seit dem 24. Juni 1981 Marienerscheinungen und Botschaften der Königin des Friedens, so nennt sich Maria dort, statt. Die Botschaften bekommen heute noch drei Seherinnen / Seher von insgesamt ursprünglich sechs. Der 24. Juni, der Beginn der Erscheinungen, ist das Fest Johannes des Täufers. Daß die Königin des Friedens diese nun seit 29 Jahren andauernden Erscheinungen am 24. Juni begann, ist also nicht zufällig.

Wie wir wissen, war Johannes der Täufer der Wegbereiter für Jesus Christus.

So deutet der 24. Juni 1981 darauf hin, dass Maria ihrem göttlichen Sohn den Weg bereitet für seine Wiederkunft. In Marpingen sagte die Muttergottes am 17. Mai 1999: „Ich will den Triumphzug meines unbefleckten Herzens in Marpingen beginnen."

Die Wiederkunft Jesu ist auch gleichzeitig der Triumph des unbefleckten Herzens Mariens.

So beginnt also in dem kleinen, weltpolitisch völlig unbedeutenden Dorf im Saarland die Vorbereitung für das größte Ereignis in der Menschheitsgeschichte nach Christus, die Wiederkunft Jesu Christi, dieses Mal mit großer Macht und Herrlichkeit.

In Medjugorje sprach Maria auch wieder speziell über Deutschland, als sie dort sagte: „In Deutschland und den deutschsprachigen Ländern ist der Glaubensabfall besonders groß."

Ist es nicht herzzerreißend, wenn die Muttergottes, die Königin des Himmels und der Erde, die Deutschen, vertreten durch die anwesenden Pilger, in der Erscheinung nicht nur bittet, sondern quasi händeringend anfleht, ihr zu helfen, Deutschland zu retten? Es ist höchste Zeit für die Umkehr. „Helft mir! Helft mir, es ist so an der Zeit! Ich habe Eile, ich habe keine Zeit mehr! Es ist so spät!", sagt Maria.

Die schwer bedrängte Zeit, in die Maria jetzt gekommen ist, wird in der Heiligen Schrift in der Endzeitrede Jesu prophezeit, wo es heißt: ***„Denn es wird eine so große Not kommen, wie es noch nie eine gegeben hat, seit die Welt besteht, und wie es auch keine mehr geben wird..."*** (Mt. 24, 21).

Wir stehen vor der größten Schlacht in der Menschheitsgeschichte, wie Papst Johannes Paul II. prophezeite. Und was machen wir, zumindest der Großteil der Gesellschaft?

Wir verhalten uns so wie die Leute auf der Titanic vor ihrem Untergang.

Nach meiner Bekehrung Mitte Januar 1999 sehe ich die Welt, deren Werte auch die meinen waren, mit völlig anderen Augen. Wenn ich unsere Gesellschaft heute anschaue, muß ich unwillkürlich an die

Szene in dem mit vielen Oskars preisgekrönten Film über den Untergang der Titanic denken. Am Ende dieses Filmes versank der eine Teil des Schiffes schon im Meer, während der andere Teil, aus dem Wasser noch aufragend, eine Musikkapelle zeigte mit tanzenden Menschen.

Die katholische Kirche in Deutschland

Einer der Gründe, dass ich 1989 aus der katholischen Kirche ausgetreten bin, war auch, dass ich damals der Meinung war, dass die Kirche in ihrer institutionellen Sicherheit vor sich herdümpelt und nichts mehr bewegt!

Heute muß ich mit den Augen eines Bekehrten feststellen, dass sich sehr wohl in Deutschland etwas bewegt. Während meiner Jugendzeit waren die Kirchen noch einigermaßen voll und katholisch war (für mich jedenfalls) noch katholisch.

Seit meiner Rückkehr 1999 kam ich aus dem Staunen nicht mehr heraus über die Veränderungen, die in der katholischen Kirche und in ihrem Glaubensleben stattgefunden haben. Nicht nur, dass die Kirchen fast leer waren, die Beichtstühle verwaist, der Empfang der hl. Eucharistie nicht viel anders war als wenn man im Bäckerladen Frühstücksbrötchen holt. Nein, ich erlebte plötzlich eine unglaubliche Veränderung im Selbstverständnis der Katholiken und im katholischen Glauben allgemein.

Es empfing mich eine große Ökumene-Euphorie, in der es in den Glaubenswahrheiten und der Lehre scheinbar keine großen Unterschiede zwischen dem Katholizismus und dem Evangelisch-Protestantischen mehr gab.

Kirche, so hörte ich, ist doch gleich Kirche. „Eine Taufe, ein Glauben." „Versöhnte Verschiedenheit." Sehnsucht zur Einheit durch das gemeinsame Abendmahl mit den evangelischen Christen (Ich hatte früher immer gedacht, dass die Katholiken die hl. Eucharistie empfangen und kein evangelisches Abendmahl). Wir haben mehr Gemeinsames, als uns trennt. Gemeinsame Bibelabende etc., etc.

Viele Katholiken, mit denen ich nach meiner Bekehrung sprach, wussten nicht mehr die existentiellen Unterschiede zwischen der katholischen hl. Eucharistie und dem protestantischen Abendmahl. Ich könnte noch mehr Beispiele aufzählen, aber das soll jetzt genügen. Wir werden später durch die Botschaften Mariens noch darauf zurückkommen.

Plötzlich musste ich auch als reumütig zurückgekehrter Katholik bei jeder sich bietenden Gelegenheit nicht nur von den Medien (die ich vorher aus dieser Sichtweise nicht beachtet hatte), sondern auch von Katholiken viel Kritik über Rom, Papst und über die verknöcherte, veraltete, überholte mittelalterliche Lehre und Kirche anhören etc.

Ich hörte plötzlich Predigten, die einseitig nur die Liebe und Barmherzigkeit Gottes verkündeten, aber von dem gerechten Gott, was die andere Seite des Evangeliums ist, hörte ich kein Wort mehr.

Ich hatte das Gefühl: Da stimmt was nicht, hier wird die natürliche Ehrfurcht vor Gott unterbunden, der heilige katholische Glauben wird entheiligt, nivelliert und verflacht. „Friede, Freude, und Eierkuchen“, Softy-Gott als Vergebungsautomat! Solche Gedanken kamen mir in den Sinn. Ebenso Faschingsmessen (wie in meiner Gemeinde geschehen) mit Pappnasen, Helau-Rufen, Büttenrede statt Predigt, Konfettistreuen und an der Wand einen mit Clownsfratzen zugehängten Kreuzweg.

Vorbei ist die Zeit, als unsere Vorfahren noch an ihre Häuser geschrieben haben: „Demütigt euch vor der gewaltigen Hand Gottes". Hat vielleicht der große Glaubensschwund in Deutschland auch damit zu tun, dass man das Einmaleins des Glaubens, die Gebote Gottes, die Glaubenswahrheiten und die Kirchengebote nicht mehr kennt und dass Gott ausschließlich nur noch die Liebe und Barmherzigkeit ist? Existiert der gerechte Gott des Alten, aber auch des Neuen Testamentes nicht mehr? Hat die Zeit des momentanen Wohlstandes, der Wellness, der Selbstverwirklichung, des irdisch-begrenzten Denkens in der Fixierung auf das Materielle die gesunde Gottesfurcht beseitigt?

Menschen brauchen Gesetze, Gebote und Verbote. Wenn ein Staat diese fundamentale Voraussetzung für ein funktionierendes Gemeinwohl abschaffen würde, was wäre das Resultat davon? Der Zerfall der Gesellschaft und die Anarchie.

Ich glaube, mein Wiedereintritt in die Kirche Ende Februar 1999 wäre bald wieder ins Leere verlaufen, wenn mich die himmlische Mutter nicht nach Marpingen gerufen hätte. Es mehrten sich die Besuche an Marienheiligtümern wie den Erscheinungsstätten in Heroldsbach, Wigratzbad, Medjugorje etc. An diesen Orten erlebte ich diese Gläubigen plötzlich wieder, die, wie in meiner Kinder- und Jugendzeit, das Katholische, ich möchte fast sagen das fromme, ehrfürchtige und heilige Katholische praktizierten, wie auch die Beichte, die Anbetung des Allerheiligsten Altarsakramentes, das Rosenkranzgebet und den knieenden, ehrfürchtigen Mundempfang der hl. Eucharistie, des Leibes Jesu Christi.

Nach den Erfahrungen bezüglich des Zustandes der Kirche und des kirchlichen Lebens nach jahrzehntelanger Abwesenheit wurde mir intensiv bewußt, dass wir heute in der Zeit leben, vor der Jesus, die Evangelisten und Paulus gewarnt haben, dass falsche Propheten, Irrlehrer und Verführer die Herde in den Glaubensabfall führen werden.

Die Veränderungen im Zeitgeschehen einer Kultur und Gesellschaft gehen oft schleichend und unmerklich für den einzelnen Menschen vonstatten. Man merkt es ja oft nicht, da man in diesen Prozess selbst eingebunden ist und sich selbst, ohne es zu merken, verändert.

Da ich mich Mitte der 1960er Jahre aus Kirche und Gemeindeleben verabschiedete und etwa 35 Jahre später zurück kam, war es für mich wie ein Zeitsprung in eine veränderte Welt, der mir klar machte, welche tiefgreifenden Veränderungen in Kirche, Gesellschaft und Glaubensleben stattgefunden haben.

Mir fiel die Stelle in der Heiligen Schrift ein, wo es heißt: „Dem Namen (Anm. Autor: Taufschein-Christ) nach lebst du, aber du bist tot (im Glauben). Werde wach und stärke, was noch übrig ist, was schon im Sterben lag. Ich habe gefunden, dass deine Taten in den Augen meines Gottes nicht vollwertig sind. **Denk also daran, wie du die Lehre empfangen und gehört hast. Halte daran fest und kehr um!** Wenn du aber nicht aufwachst, werde ich kommen wie ein Dieb und du wirst bestimmt nicht wissen, zu welcher Stunde ich komme“ (vgl. Offb. 3, 1 - 3). Es gibt da eine (Laien-) Ökumene-Euphorie, die auch von deutschen Bischöfen und Kardinälen mitgetragen wird bei gleichzeitiger Verdunstung **einfachster,** selbstverständlichster katholischer Glaubenswahrheiten vieler Katholiken. Sie kennen den existentiellen Unterschied des fundamentalen Mittelpunktes und Geheimnisses des katholischen Glaubens, der hl. Eucharistie, gegenüber dem evangelisch-protestantischen Abendmahl nicht mehr, sie nehmen jahrzehntelang nicht mehr das hl. Bußsakrament in Anspruch bei gleichzeitig wohlfeilem Empfang der hl. Eucharistie, wobei viele nicht mehr wissen, dass der regelmäßige Besuch der sonntäglichen hl. Messe und der Gottesdienst an kirchlichen Feiertagen Pflicht und dass unentschuldigtes Fernbleiben eine schwere Sünde ist, die nicht mehr zum hl. Kommunionsempfang ohne vorherige Beichte (mit Reue und Vorsatz) berechtigt, da man sich auch laut Paulus (1. Kor. 11, 27) das Gericht zuzieht.

Dieses Beispiel ist nur eines von vielen. Nichts gegen die Ökumene, die ja auch im Zweiten Vatikanum festgeschrieben ist. Aber was für eine Ökumene soll das sein, in der Katholiken zum großen Teil ihre Glaubenswahrheiten nicht mehr kennen?

Wären die Hirten und Oberhirten der römisch-katholischen Kirche in Deutschland, die Priester, Bischöfe und Kardinäle, nicht zuerst verpflichtet, die ihnen anvertrauten Schäfchen wieder mit den unabdingbaren Glaubenswahrheiten vertraut zu machen, bevor auf den Großveranstaltungen der Katholiken- und Ökumenetage euphorisch und lautstark die Vereinigung der Konfessionen gefordert wird?

In diesem Zusammenhang fällt mir abermals eine Mahnung der

Heiligen Schrift ein: „Ich kenne deine Werke. Du bist weder kalt noch heiß! Weil du aber lau bist, weder heiß noch kalt, will ich dich aus meinem Mund ausspeien. Du behauptest: Ich bin reich und wohlhabend und nichts fehlt mir. Du weißt aber nicht, dass gerade du elend und erbärmlich bist, arm und nackt. Darum rate ich dir: Kaufe von mir Gold, das im Feuer geläutert ist, damit du reich wirst; und kaufe von mir weiße Kleider und zieh dich an, damit du nicht nackt dastehst und dich schämen musst; und kaufe Salbe für deine Augen, damit du sehen kannst..." (Offb. 3, 15 – 18).

Jeder Anhänger einer Religion, sei es im Judentum, Islam oder sonstigen Religionen muß die Wahrheit seines Glaubens kennen, wie sonst soll er denn seinen Glauben gewissenhaft leben und praktizieren können? So sagte auch schon Papst Benedikt XVI.: **„Liebe ohne Wahrheit ist Blindheit – Wahrheit ohne Liebe ist wie dröhnendes Erz."**

Daran ändert auch nichts, wenn man ununterbrochen die Parolen von Friede – Friede – Friede, Liebe – Liebe – Liebe und unentwegt die Barmherzigkeit Gottes und die Einheit des Christentums verkündet, die selbstverständlich Bestandteile des christlichen Glaubens sind. Man kennt es ja schon zur Genüge. Wer es heute wagt, die (Glaubens) Wahrheitsfrage zu stellen oder kritisch der real existierenden deutschen (Laien-) Ökumene zu widersprechen, wird sehr oft als ökumenefeindlich angesehen, zum Erzkonservativen gebrandmarkt, als lieblos und intolerant abgestempelt.

Wer die Botschaften Mariens, und zwar weltweit, betrachtet, wird eines Besseren belehrt. Die Muttergottes kommt auch in ihren Botschaften von Marpingen 1999 auf die Wahrheitsfrage zu sprechen und fordert uns auf, der Wahrheit statt dem Irrtum und der Verführung zu folgen, wie dies auf den folgenden Seiten in ihren Botschaften zum Ausdruck kommt.

Ein Buch über Marpingen

Als Christina und ich zum ersten Mal Marpingen am Erscheinungstag am 18. Juli 1999 besuchten, hatte ich ein starkes Gefühl, das heißt, dass ich ein Buch über die Erscheinungen in Marpingen schreiben müsste.

Nach der letzten Erscheinung am 17. Oktober nahm ich mir fest vor, dieses Buch zu schreiben. Nach etwa dreißig, vielleicht vierzig geschriebenen Seiten jedoch beendete ich die Arbeit, da ich ein unbefriedigendes Gefühl hatte.

Dr. Jörg Müller, Pallotiner-Pater wie auch klinischer Psychologe und Psychotherapeut, schrieb sofort nach den Erscheinungen ein Buch über Marpingen mit dem Titel „Von Maria zu reden ist gefährlich". Pater Müller begleitete die drei Seherinnen während der Erscheinungszeit, ich glaube ab dem 18. Juli 1999 sowohl als Priester und in seiner Eigenschaft als klinischer Psychologe und als Psychotherapeut. Warum also sollte ich noch ein weiteres Buch über die Ereignisse von Marpingen 1999 schreiben?

Ich wusste damals nicht, dass ich selbst eine zehnjährige Reifezeit brauchte, um die Botschaften der Erscheinungen von Marpingen in ihrer Tiefe und Tragweite zu begreifen, um dann erst dieses Buch schreiben zu können.

Die entscheidende Rolle Marias im Heilsplan Gottes

Es gibt nicht wenige Christen, für die die hl. Jungfrau Maria eine untergeordnete Position in der Heiligen Schrift einnimmt. Dies ist jedoch eine völlige Verkennung der wahren Rolle Mariens. Maria nimmt in der Heilsgeschichte Gottes eine mitentscheidende Rolle für das Wohl und Heil der Christenheit ein.

Unter vielen Titeln, die die Muttergottes in der katholischen Kirche innehat, trägt sie auch den bemerkenswerten Titel der „Neuen Arche". Nicht umsonst beten die gläubigen Katholiken: „Unter deinen Schutz und Schirm fliehen wir, o heilige Gottesmutter..." So wie die Arche

Noah und sieben andere Menschen seinerzeit vor der Sintflut gerettet hat, so ist Maria die Arche des Neuen und ewigen Bundes.

Im entscheidenden Kampf der Kirche gegen die Anti-Kirche (später mehr davon), der Wahrheit gegen die Lüge, des Evangeliums gegen das Anti-Evangelium ist sie die rettende Arche der Christenheit.

Die entscheidende Rolle Marias im Heilsplan Gottes kann durch mehrere Aussagen der Heiligen Schrift auf höchst eindrucksvolle Weise bestätigt werden:

Nachdem Adam und Eva den listigen Einflüsterungen der Schlange gefolgt sind, gegen das Gebot Gottes zu handeln, sprach Gott zur Schlange:

„... Feindschaft setze ich zwischen dich und die Frau, zwischen deinen Nachwuchs und ihren Nachwuchs. Er trifft dich am Kopf, und du triffst ihn an der Ferse." (Gen. 3, 15)

Die Genesis sagt uns, dass Gott schon am Anfang der biblischen Geschichte zwei Arten von Nachwuchs in der Menschheit sieht, den Nachwuchs der Schlange (Luzifer) und den der Frau (Maria – die Schlangenzertreterin).

Der Nachwuchs der Frau, d.h. Mariens, ist in erster Linie ihr göttlicher Sohn Jesus Christus und dann die später entstehende Christenheit des Neuen und ewigen Bundes.

Schon hier beim Sündenfall leuchten die Kirche und das Christentum auf. Dies sei allen gesagt, die den Einwand vorbringen, wenn es um andere Religionen, z.B. auch den Buddhismus geht, von dem man gerne sagt, dass er schon vor dem Christentum da war.

Wer diese obengenannten Zusammenhänge aus Gen. 3, 15 kennt, kann den Argumenten von jenen Zeitgenossen, die dem Buddhismus und anderen Religionen ein früheres Datum attestieren als dem Christentum, stichhaltig widersprechen. So sagt Jesus selbst im Johannes-Evangelium im Gleichnis vom guten Hirten: **„Alle, die vor mir kamen, sind Diebe und Räuber..."** (Joh. 10, 8).

„... Als Jesus seine Mutter sah und bei ihr den Jünger, den er liebte, sagte er zu seiner Mutter: Frau, siehe, dein Sohn! Dann sagte er zu dem Jünger: Siehe, deine Mutter! Und von jener Stunde an nahm sie der Jünger zu sich." (Joh. 19, 26 – 27)

Am Kreuz übergibt Jesus, stellvertretend durch den Jünger, der Christenheit seine eigene Mutter. So wird Maria auch die Mutter des mystischen Leibes ihres Sohnes, der von ihm auf Petrus gegründeten Kirche. Jetzt wurde verwirklicht, was beim Sündenfall schon vorausgesagt wurde, der Nachwuchs der Frau, entstanden durch ihren Sohn Jesus Christus.

Wir erinnern uns, Gott setzte Feindschaft zwischen der Schlange und der Frau, zwischen seinen und ihren Nachwuchs. Diese Feindschaft wird dokumentiert durch unsere 2000jährige Geschichte und durch die Aussagen der Heiligen Schrift, als Jesus seine Kirche auf Petrus mit den Worten gründete: „... **Du bist Petrus, der Fels, und auf diesen Felsen werde ich meine Kirche bauen und die Pforten der Hölle werden sie nicht überwältigen...“** (Mt. 16, 18).

So ist dies zwar eine Verheißung an Petrus und seine Nachfolger, die Päpste, dass die Kirche niemals überwältigt wird, aber auch gleichzeitig eine Ankündigung, dass die Mächte der Hölle die Kirche angreifen werden, um sie zu vernichten. Dieser Angriff der Mächte der Hölle findet seinen Höhepunkt in einem Endkampf, wie folgt.

Die Offenbarung des Johannes beschreibt diesen Angriff auf die Kirche und Christenheit in ihrer Aussage:

„Der Kampf des Teufels gegen das Volk Gottes“ (Offb. 12, 1 – 14, 5)

Die Kirche wird beschrieben: „Dann erschien ein großes Zeichen am Himmel: eine Frau, mit der Sonne bekleidet; der Mond war unter ihren Füßen und ein Kranz von zwölf Sternen auf ihrem Haupt...“ (Offb. 12, 1).

Wir haben es jetzt wieder mit einer Frau zu tun wie beim Sündenfall (Gen. 3, 15) und wie bei Johannes, als Jesus seine Mutter dem Jünger Johannes stellvertretend für die ganze Christenheit schenkt (vgl. Joh. 19, 26 – 27).

Die Offenbarung beschreibt nichts anderes als den Endkampf des Nachwuchses der Schlange gegen den Nachwuchs der Frau oder den Kampf der Mächte der Hölle gegen die auf Petrus und seine Nachfolger, die Päpste, gebaute Kirche Jesu Christi. Die Frau mit der Sonne bekleidet... ist niemand anderes als die Mutter der Kirche, die hl. Jungfrau Maria, von Jesus am Kreuz der Christenheit zur Mutter gegeben.

Der Kranz mit den 12 Sternen auf ihrem Haupt sind die 12 Stämme Israels und die 12 Apostel.

Diese Frau, wie Johannes die Kirche symbolisiert, wird angegriffen von einem feuerroten Drachen (Offb. 12, 3), der in seinem Kampf gegen das Volk Gottes und die Kirche Hilfe holt von einem Tier aus dem Meer (Offb. 13, 1) und einem Tier, das aus dem Land aufsteigt (Offb. 13, 11), das zwei Hörner wie ein Lamm hat, aber wie ein Drache redet.

Wer der Drache und die zwei Tiere auf unserer Erde sind, die gegen die Kirche kämpfen, werden wir noch im Verlauf dieses Buches sehen.

Der rote Drache und die zwei Tiere werden für 42 Monate die Weltherrschaft an sich reißen, sagt Johannes: „Es wurde ihm (dem Tier) auch Macht gegeben über alle Stämme, Völker, Sprachen und Nationen... es wurde ihm Macht gegeben, dies 42 Monate zu tun...“ (Offb. 13, 5 – 7).

Das Tier aus dem Land mit den zwei Hörnern wie ein Lamm (Offb. 13, 11) wurde von dem Tier aus dem Meer (Offb. 13, 1) beauftragt, ein Standbild zu errichten, und dass alle getötet werden, die dieses Standbild des Tieres nicht anbeten, wie es in Offb. 13, 14 – 15 prophezeit wird.

Alle Menschen müssen sich auf ihrer rechten Hand oder ihrer Stirn ein Kennzeichen anbringen lassen. Kaufen und verkaufen kann dann nur, wer das Kennzeichen trägt: den Namen des Tieres oder die Zahl seines Namens, heißt es in der Offenbarung des hl. Johannes 13, 16 – 17. Johannes sagt weiter: „Hier braucht man Kenntnis. Wer Verstand hat, berechne den Zahlenwert des Tieres. Denn es ist die Zahl eines Menschennamens; seine Zahl ist die 666“ (Offb. 13, 18).

Die Menschheit wird also ein Standbild des Tieres anbeten müssen, um nicht getötet zu werden, und wird in die größte Versklavung und Überwachung geführt durch die Zahl „666“, welche die Zahl eines Menschen ist. Wer dieser Mensch mit der Zahl 666 ist, sagte schon Paulus voraus, als er über die Zeichen sprach, die vor der Wiederkunft Jesu erst geschehen müssen. Paulus sagte seinerzeit der Gemeinde der Thessalonicher, die durch falsche Propheten verwirrt wurde, dass das Ende der Zeit gekommen wäre und die Wiederkunft Jesu schon da sei: „Brüder, wir schreiben euch über die Ankunft Jesu Christi, unseres

Herrn, und unsere Vereinigung mit ihm und bitten euch: Lasst euch nicht so schnell aus der Fassung bringen und in Schrecken jagen, wenn in einem prophetischen Wort oder einer Rede oder einem Brief, der angeblich von uns stammt, behauptet wird, der Tag des Herrn sei schon da. Lasst euch durch niemanden und auf keine Weise täuschen! **Denn zuerst muß der** (Glaubens-) **Abfall von Gott kommen und der Mensch der Gesetzwidrigkeit erscheinen, der Sohn des Verderbens, der Widersacher, der sich über alles, was Gott oder Heiligtum heißt, so sehr erhebt, dass er sich sogar in den Tempel Gottes setzt und sich als Gott ausgibt"** (2. Thess. 2, 1 – 4).

Maria, die neue Arche des ewigen Bundes

Die folgenden Aussagen und Prophezeiungen der Heiligen Schrift zeigen, dass Maria eine entscheidende Rolle im Heilsplan Gottes innehat. Nur durch sie und unter ihrem Schutz und Schirm wird die Christenheit, besonders in den kommenden Zeiten (und wir sind schon mittendrin) der antichristlichen und antikirchlichen Mächte, vor dem Irrtum und der Verführung dieser gottlosen Mächte beschützt werden. Aber nicht nur für das diesseitige irdische Leben, sondern ganz besonders, was das zukünftige Leben in Ewigkeit betrifft.

Wenn man das weiß, dann kann man auch die Bitten, ja, das Flehen der Gottesmutter zur Bekehrung und Umkehr zu Gott verstehen, wie sie es in Marpingen in oft teilweise dramatischer Art getan hat. Der Kampf des roten Drachens und der zwei Tiere gegen die Frau, Christenheit und Kirche, beschreibt die Apokalypse in der Aussage:

„Da geriet der Drache in Zorn über die Frau und er ging fort, um Krieg zu führen mit ihren übrigen Nachkommen, die den Geboten Gottes gehorchen und an dem Zeugnis für Jesus festhalten." (Offb. 12, 17)

Diese von vielen und besonders den evangelisch-protestantischen Christen in ihrer Bedeutung leider wenig bedachte Aussage zeigt uns unter anderem folgendes.

Wenn von den **übrigen Nachkommen** der Frau die Rede ist, so zeigt uns diese Aussage den Glaubensabfall am Ende der Zeit an, den uns Paulus schon in seinem Brief an die Thessalonicher, wie oben erwähnt, für das Ende der Zeit und die Wiederkunft Jesu vorausgesagt hat. Außerdem sagt uns die Offenbarung 12, 17, dass nur die übrigen Nachkommen der Frau noch den Geboten Gottes gehorchen und am Zeugnis für Jesus in der größten Bedrängnis oder, wie Maria in Marpingen gesagt hat, in schwer bedrängter Zeit, festhalten werden.

Die Offenbarung sagt uns: „Wer das Tier und sein Standbild anbetet und wer das Kennzeichen auf seiner Stirn oder seiner Hand annimmt, der muß den Wein des Zornes Gottes trinken, der unverdünnt im Becher seines Zornes gemischt ist. Und er wird mit Feuer und Schwefel gequält vor den Augen der heiligen Engel und des Lammes. Der Rauch von ihrer Peinigung steigt auf in alle Ewigkeit und alle, die das Tier und sein Standbild anbeten und die seinen Namen als Kennzeichen annehmen, werden bei Tag und Nacht keine Ruhe haben." (Offb. 14, 9 – 11).

Die kommende antichristliche, antikirchliche Weltmacht wird alle Menschen dazu bringen, das Zeichen des Tieres, die Zahl 666, anzunehmen und sein Standbild anzubeten.

Dies bedeutet aber nicht nur die totale irdische Versklavung und Überwachung des Menschen, sondern auch den Tod für das ewige Leben. Deshalb erscheint Maria in Fatima, Lourdes und an vielen anderen Orten auf der Welt, um die Christen, die noch offen für die Botschaften und Warnungen des Himmels sind, zu warnen und zur Umkehr zu Gott aufzurufen, wie Maria, die Mutter der Kirche, es auch in der Erscheinungsreihe von Mai 1999 bis Oktober '99 in Marpingen getan hat. Sie will ihre übriggebliebene Nachkommenschaft, die noch nicht dem allgemeinen Glaubensabfall des (ehemals) christlichen Abendlandes anheimgefallen ist oder die noch offen für ihr Rufen ist, im Glauben an die Gebote Gottes und der Kirche und am Zeugnis für Jesus standfest machen für die bald kommende Entscheidung für oder gegen Gott in einer schwer bedrängten, kommenden Zeit.

Diese Standhaftigkeit werden nur jene haben, die der Mutter der Kirche folgen werden. So sagt der hl. Johannes in seiner Geheimen Offenbarung voraus:

„Hier muß sich die Standhaftigkeit der Heiligen bewähren, die an den Geboten Gottes und an der Treue zu Jesus festhalten.“ (Offb. 14, 12)

Es sind die übrigen Nachkommen Mariens, wie in Offenbarung 12, 17 prophezeit wird.

Das Drama wiederholt sich!

Wir wissen, dass das Christentum seine Wurzel im auserwählten Volk Gottes, dem Judentum hat. Aber schon am Anfang der Menschheitsgeschichte beim Sündenfall Adams und Evas, wie schon gesagt, leuchtet bereits die Kirche und die Christenheit auf.

In der Genesis 3, 15 heißt es: „Feindschaft setze ich zwischen dich und die Frau, zwischen deinen Nachwuchs und ihren Nachwuchs...“ Der Nachwuchs der Frau (Mariens) ist in erster Linie ihr göttlicher Sohn Jesus Christus und die kommende Christenheit sowie der von Jesus gegründete Neue und ewige Bund des globalen Israel, sichtbar in der von Jesus gegründeten Kirche, die auf Petrus, den Felsen, auferbaut ist.

Den drei Erzvätern Israels, Abraham – Isaak und Jakob (Anm.: Jakob wurde von Gott der Name Israel gegeben; Israel bedeutet: Gottesstreiter) wurde nicht gesagt, dass durch ihre Nachkommen nur das Israel der Juden gesegnet ist, sondern es wurde ihnen von Gott verheißen: „... durch dich und deine Nachkommen werden **alle Geschlechter der Erde Segen erlangen“** (Gen. 22, 18; 25, 4; 28, 14). Schon an den Verheißungen Gottes an die drei Erzväter hätten die Juden erkennen können, dass Gott nicht nur exklusiv für die Juden das Heil ist.

Die Propheten des Alten Testamentes kündigten die Ankunft des kommenden Messias an. Sie beschrieben sein Leiden, seinen Tod und seine Auferstehung. Die jüdischen Schriftgelehrten, die damaligen Theologen und Führer Israels hätten doch, so denkt man heute, aufgrund der Schrift und der Prophezeiungen erkennen müssen, wer in der Person des Jesus von Nazareth vor ihnen steht. Die Juden haben aber einen anderen Messias erwartet nach ihren Vorstellungen, einen neuen, noch mächtigeren Moses, der sie von der Fremdherrschaft der Römer befreit etc.

Die Schriftgelehrten und Theologen seiner Zeit nennt Jesus unter anderem: „...Prophetenmörder – Nattern und Schlangenbrut...“ (Mt. 23, 1 – 36) und prophezeit ihnen: „Darum hört: Ich sende Propheten, Weise und Schriftgelehrte zu euch; ihr aber werdet einige von ihnen töten, ja, sogar kreuzigen, andere in euren Synagogen (Kirchen) auspeitschen und von Stadt zu Stadt verfolgen...“ (Mt. 23, 34).

Jesus verspricht und prophezeit also, dass er selbst Propheten, Weise und Schriftgelehrte für den Verlauf des Christentums senden wird, die aber ebenfalls wieder, wie im Alten und Neuen Testament, verfolgt und getötet werden.

Das Drama der Verstocktheit und der Missachtung der von Gott gesandten Propheten der Juden des Alten Testamentes beschreibt Jesus in seiner Klage über Jerusalem: „Jerusalem, Jerusalem, die du tötest die Propheten und steinigst die Boten, die zu dir gesandt sind. Wie oft wollte ich deine Kinder um mich sammeln, so wie eine Henne ihre Kücken unter ihre Flügel nimmt. Aber ihr habt nicht gewollt. Darum wird euer Haus (von Gott) verlassen.“

Das sagte Jesus den Juden seiner Zeit, und das sagt Jesus auch uns, dem globalen Israel des Neuen und ewigen Bundes, dem Christentum.

In der Geschichte des Christentums wiederholen sich alle Dramen, die im Alten Testament geschildert werden.

Dass dieses Drama sich in unserer Zeit wiederholt, zeigt die Botschaft Mariens vom 16. Juli 1983 an den Pilger in der Marpinger Gnadenkapelle, als sie ihm mitteilte: „Der Fürst dieser Welt hat euch für Gottes Gebote und Offenbarungen blind gemacht. Euer Leben ist kein christliches mehr, sondern das Leben des neuen Heidentums... Unheil und Krieg werden euch überraschen.“ Und dann bezieht sich die Muttergottes sinngemäß auf die Klage Jesu über Jerusalem: **„Vor den Toren Deutschlands stehe ich weinend, wie Christus über Jerusalem geweint hat. Wie oft habe ich euch durch meine Offenbarungen gemahnt!“**

Marienerscheinungen in Deutschland

Seit dem 18. Jahrhundert nehmen Marienerscheinungen und Visionen von begnadeten Menschen (Propheten unserer Zeit) ständig zu. In den letzten 50 Jahren haben sie sich fast explosionsartig vermehrt.

Bezüglich der Erscheinungen steht Italien an der Spitze, gefolgt von Frankreich, Deutschland und Belgien. Im Gegensatz zu den anderen Ländern wurde jedoch in Deutschland keine Erscheinungsstätte von der katholischen Kirche anerkannt, wenngleich auch manche Marienerscheinungsorte als Gebetsstätte von der Kirche empfohlen wurden wie beispielsweise Heroldsbach, Heede, Marienfried und jetzt auch Marpingen.

So war es auch dieses Mal, als im Bistum Trier, in deren Entscheidungsbereich Marpingen liegt, die Untersuchungen über die Ereignisse von 1999 abgeschlossen waren und ein Dekret veröffentlicht wurde. Miteingeschlossen waren die Ereignisse von 1876.

Das Dekret

Kirchliches Amtsblatt Bistum Trier – Jahrgang-Nr. 150 – Artikel-Nr. 2 1. Januar 2006

Dekret des Bischofs zu den behaupteten Erscheinungen in Marpingen von 1876 und 1999

Dekret

Es steht nicht fest, dass den Ereignissen in Marpingen aus den Jahren 1876 und 1999 ein übernatürlicher Charakter zukommt.

Es bestehen schwerwiegende Gründe, die es nicht erlauben, sie als übernatürliches Geschehen anzuerkennen.

Trier, den 13. Dezember 2005

(Siegel) (Siegel)

Bischof von Trier Kanzler der Kurie

Das Dekret unseres Bischofs über Marpingen benutzt jene Sätze, die in solchen Fällen in der Kirche üblich sind.

Satz 1: Die Nichtübernatürlichkeit steht fest.

Satz 2: Die Übernatürlichkeit steht nicht fest.

Satz 3: Die Übernatürlichkeit steht fest.

Das Dekret hat die zweite Form gewählt: **„Die Übernatürlichkeit steht nicht fest.“**

Das bedeutet: Zum gegenwärtigen Zeitpunkt kann weder bewiesen werden, dass Marpingen rein natürlich noch dass es bestimmt übernatürlich ist.

Ein Moderator sagte: „... die Kritiker unterstellen den ‚Seherinnen‘ immer eine Inszenierung.“

Der Bischof antwortete: „So kann ich das nicht bestätigen, denn dann müsste ich es beweisen können.“

Weil zur Zeit weder das eine noch das andere feststeht, folgt daraus, dass man weder das eine noch das andere behaupten darf und deshalb die „Botschaften“ auch nicht als übernatürlich bezeichnen und nicht in kirchlichen Räumen verbreiten darf. Es ändert sich da also nichts.

Doch drückt der Bischof seine Freude aus über die in Marpingen zunehmende Marienverehrung durch die Menschen, die dort hinpilgern.

In dem veröffentlichten Brief an den Pastor von Marpingen hat der Bischof geschrieben: „Eine Gebetsstätte wie der 'Härtelwald' ist ein wichtiger Ort im Gesamtgefüge einer Diözese. Ohne solche Orte wäre die Kirche ärmer und das Glaubensleben kälter und unfruchtbarer. Ich vertraue Ihnen, lieber Mitbruder, die Verantwortung für die Gebetsstätte 'Härtelwald' an und bitte Sie, zusammen mit den Mitarbeiterinnen und Mitarbeitern, alle, die dort beten wollen, pastoral zu begleiten.“

Soviel zu dem offiziellen Dekret zu den Ereignissen von Marpingen 1876 und 1999.

Verantwortlich für das Dekret war der damalige Bischof von Trier, Dr. Reinhard Marx, heute Erzbischof von München und Freising.

Die Kirche tut recht daran, sehr kritische Maßstäbe bezüglich Marienerscheinungen oder ähnlichem anzulegen, denn der Widersacher schläft nicht. Diesbezüglich gab Jesus am 6. September 1999 in

Marpingen eine Botschaft: **„Es sind so viele Botschaften in meinem Namen unterwegs, die nicht von mir stammen..."**

Wer jedoch die Situation und Tradition bezüglich der Marienerscheinungen in Deutschland kennt, wäre sehr, sehr erstaunt gewesen, wenn Trier die Ereignisse in Marpingen anerkannt hätte. Die Entscheidung von Trier, das das Urteil „Die Übernatürlichkeit steht nicht fest" gefällt hatte, kann und muß man akzeptieren, auch wenn die Gottesmutter weiterhin „vor den Toren Deutschlands steht und weint, wie Christus über Jerusalem geweint hat" und Deutschland oft durch ihre Erscheinungen und Offenbarungen gemahnt hat, wie sie es im Jahr 1983 dem Pilger in der Gnadenkapelle im Härtelwald mitteilte.

In Deutschland der Muttergottes eine Landegenehmigung durch die örtliche Kirche zu gewähren, wird auch künftig sehr, sehr schwierig sein.

Wie gesagt, wenn Trier sagt: „Die Übernatürlichkeit steht nicht fest", so muß man das akzeptieren. Was jedoch schwer zu akzeptieren ist, ist die Aussage: **„Es bestehen schwerwiegende Gründe, die es nicht erlauben, sie als übernatürliches Geschehen anzunehmen."** Kein weltliches Gericht in einem zivilisierten Land auf der ganzen Welt könnte einen Angeklagten verurteilen mit der Begründung: „Es steht nicht fest, ob sie das oder jenes verbrochen haben, aber es bestehen schwerwiegende Gründe, die es nicht erlauben, sie freizusprechen."

Kein weltliches Gericht könnte aus diesen Gründen, die nicht genannt werden, jemanden verurteilen. Die örtliche Kirche in Deutschland schon.

Mein Beichtvater sagte mir einmal in einem Beichtgespräch, dass Unterstellungen eine Sünde wären, die ich in Zukunft besser unterlassen sollte. Warum macht Trier eine solche Unterstellung? Warum nennt man diese (angeblich) schwerwiegenden Gründe der Ereignisse von Marpingen 1999 nicht? Angeblich, so hört man, um die Seherinnen zu schützen.

Ich kenne die Seherinnen und weiß, dass sie sich diesen schwerwiegenden Gründen auch öffentlich stellen würden. Es wäre besser, diese angeblich schwerwiegenden Gründe zu kennen; damit hätte man viel Ratlosigkeit, große Irritationen, Trauer und viel Zweifel bei den Gläubigen verhindern können.

Diese Bemerkung von Trier hat nicht nur viel Enttäuschung, Trauer und Zorn erzeugt, sondern auch Ablehnung der Botschaften von Marpingen bei Menschen, die sich auf diese Äußerungen von Trier berufen und dadurch negativ beeinflusst sind, was die Ereignisse im Härtelwald 1999 betrifft. Außerdem wäre man in der Lage gewesen, diese „schwerwiegenden Gründe", unabhängig von Trier, auf ihren Wahrheitsgehalt hin zu überprüfen.

Als ein Moderator den Bischof fragte: „Die Kritiker unterstellen den 'Seherinnen' immer eine Inszenierung" und der Bischof darauf antwortete: „So kann ich das nicht bestätigen, denn dann müsste ich es beweisen", so muß man sich fragen, warum er dann schwerwiegende Gründe angibt, die er nicht nennt und somit ebenfalls nicht beweisen kann oder will?

Wenn der Bischof sich freut, dass in Marpingen eine zunehmende Marienverehrung durch die Ereignisse von 1999 stattfindet, so kann ich das, der selbst sehr oft Marpingen besucht, nur bestätigen. In vielen Gesprächen mit Besuchern der Gnadenstätte im Härtelwald durfte ich erfahren, dass viele dieser Menschen ergreifende Bekehrungen, eine Neubelebung ihres Glaubens oder Heilungen an Leib und Seele durch Marpingen 1999 geschenkt bekamen. Auch ich bin ein Beschenkter dieser Ereignisse von 1999, auch aus dem Grunde, dass Christina, vor den Erscheinungen eine ungetaufte Atheistin, in Marpingen zur tiefgläubigen, getauften katholischen Christin geworden ist. Danke, Muttergottes!

Außerdem gibt es, wie schon oben erwähnt, unzählige Zeugnisse von Pilgern, die durch die Ereignisse von Marpingen '99 Bekehrungen, Heilungen oder sonstige Erlebnisse bezeugen wie Sonnenwunder etc. Wie heißt es im Evangelium? „An ihren Früchten werdet ihr sie erkennen."

Ein Thema der Erscheinungen, das auch in den Medien und in Talk-Shows wie z.B. in der TV-Sendung „Streit im Schloss" der bundesdeutschen Öffentlichkeit präsentiert wurde, war die negative Einstellung des Marpinger Bürgermeisters Werner Laub den Erscheinungen selbst, vor allem aber dem damaligen Vorsitzenden des privaten Kapellenvereins, Gottlieb Schreiner, gegenüber. Der Kapellenverein war seinerzeit Pächter der Gnadenstätte und quasi notgedrungen Veranstalter, wenn man es so nennen kann. Ich habe Herrn Laub in einem kurzen Gespräch selbst kennengelernt und würde ihn als einen sympathischen und vernünftigen Menschen bezeichnen, der, nachdem die Gemeinde Marpingen die Gnadenstätte übernommen hat, mit Hilfe und Geldern des Landes Saarland die Erscheinungsstätte neu gestaltet und vollkommen neu renoviert hat.

Ich möchte jetzt auch nicht auf die unsägliche Polemik zwischen der Gemeinde Marpingen und Bürgermeister Laub gegen den Kapellenverein und dessen ehemaligen Vorsitzenden eingehen. Diese Streitereien haben einen bitteren Beigeschmack erzeugt, waren aber nur das Nebenprodukt von menschlichen Unzulänglichkeiten, die vor den wichtigen Botschaften Mariens in den Hintergrund zu treten haben.

Über die Echtheit der Ereignisse von 1999 ist man innerhalb der Gemeinde - wie man mir mitteilte - gespaltener Meinung. Wie es um die prozentuale Verteilung von Befürwortern und Gegnern der 1999er Erscheinungen bestellt ist, weiß ich nicht.

Ich kann mich noch gut erinnern, als Herr Laub in der TV-Talk-Show „Streit im Schloß“ im Oktober 1999, nach Beendigung der Erscheinungen in Marpingen, unter anderem die Möglichkeit der Inszenierungen der Erscheinungen durch den Kapellenverein beschrieb, als er in der Sendung davon sprach, dass schon einige Zeit vor der Erscheinungsreihe ’99 im Kapellenverein angeblich davon gesprochen wurde und dass schon Pläne oder Skizzen für den Bau einer Basilika an der Gnadenstätte gemacht wurden.

Als ich am 18. Juli 1999 mit Christina die Erscheinungsstätte am selbigen Tag zum ersten Mal besuchte, hatte ich eine Art Eingebung, über die ich selbst erstaunt war, und sagte zu Christina: „Hier“ und zeigte auf eine Stelle am Anfang des ehemals alten Parkplatzes vor der Grotte, „wird einmal eine Kirche oder eine Basilika stehen.“ Christina schüttelte nur den Kopf und meinte: „Wie kannst du so etwas sagen, woher willst du das denn wissen?“

Am elften Erscheinungstag, es war der 5. September, gab die Madonna durch eine der Seherinnen diese Botschaft: **„... Ich bin aber auch heute gekommen, um euch noch meinen Wunsch mitzuteilen. Ich wünsche, dass hier an diesem Ort ein Heiligtum entstehe zur Ehre der Heiligsten Dreifaltigkeit. Es ist alles im göttlichen Plan, und**

Gelobt sei † Jesus

ich werde alles lenken. Habt keine Zeit! Ich habe keine Zeit! Ich werde alles lenken, habt keine Angst. Es ist alles im göttlichen Plan.“

Oberhalb der Gnadenkapelle und Grotte auf dem Berg, im Härtelwald, stand schon seit vielen Jahrzehnten eine Dreifaltigkeitskapelle, die im Laufe der Neurenovierungen nach den Erscheinungen ’99 abgerissen und völlig neu gebaut wurde.

Jetzt könnte man sagen, dass diese Bitte der Gottesmutter vom 5. September ’99 schon erfüllt wurde. Doch Maria spricht von einem Heiligtum, das **entstehen soll.** Dieses Heiligtum ist aber sozusagen in Form der alten Dreifaltigkeitskapelle ja schon vorhanden gewesen. Also meinte sie ein neu entstehendes Heiligtum, unabhängig von der Dreifaltigkeitskapelle oben an der Gnadenquelle.

Am 3. März 2000 besuchten Christina und ich zum ersten Mal nach 1999 wieder Marpingen. Ich fotografierte die Stelle, an der wir bei der letzten Erscheinung am 17. Oktober ’99 gestanden hatten, nur so zur Erinnerung. Als ich die Bilder entwickeln ließ, war auf dem Foto, das ich von der Stelle gemacht hatte, wie auf dem nebenstehenden Bild zu erkennen ist, ein Zeichen an dem Platz, wo wir während der Erscheinung am 17. Oktober gestanden haben. Wie zu sehen ist, sind deutlich die Buchstaben JHS zu erkennen.

JHS steht für Jesus-Heiland-Seligmacher, kann aber auch die Bedeutung haben:

J steht für Jahwe = Gottvater - aramäisch (= jüdisch)

H für Hyos = Sohn - griechisch

S für Spiritus Sanctus = Hl. Geist - lateinisch

Da, wo die Buchstaben auf dem Foto zu sehen sind, ist auch der Ort, den ich Christina bei unserem ersten Besuch am 18. Juli 1999 gezeigt habe, als ich in einer Art Eingebung zu ihr sagte, dass hier einmal eine Kirche oder Basilika stehen wird.

Wird vielleicht an dieser Stelle einmal ein Heiligtum, etwa eine Basilika, stehen, wie es die Muttergottes am 5. September 1999 gewünscht hat?

Auch von dem fränkischen Marienerscheinungsort Heroldsbach ist bekannt, dass, bevor sich die Gottesmutter zum ersten Mal dort zeigte, die drei Buchstaben **JSH** in grünem Licht aufleuchteten. Sie

waren in der Form eines Dreiecks angeordnet, ein Schriftsymbol für „Dreifaltigkeit“, so wie man es in Russland kennt, in den drei Sprachen aramäisch – griechisch und lateinisch. Dieses Zeichen leuchtete über den fünf Birken an der Erscheinungsstelle (in Heroldsbach) auf.

Die Seherin von dem Marienerscheinungsort Sievernich, Manuela Strack, berichtet am 5. 3. 2001, dass sie unter anderem auch die folgende Schauung hatte: „Die Erdkugel drehte sich und wurde zu einer großen Sonne. Sie schwebte inmitten des Altarraumes der Kirche. In der Sonne waren die Buchstaben 'JHS'“.

In Marpingen hat der Himmel die Gnade gewährt, das Zeichen des JHS durch ein Foto allen sichtbar zu machen.

Maria und die Hirten der Kirche, die Bischöfe...

Ich möchte jetzt nicht auf die unsäglichen Kommentare gewisser Theologen wie K. H. Ohlig, Prof. Gotthilf Hasenhüttl und Eugen Drewermann, um nur einige zu nennen, eingehen, die in den Medien wie auch im Fernsehen herbeigerufen wurden, um ihre Abwertungen den Erscheinungen in Marpingen gegenüber anzubringen. Dafür ist hier der Platz und die Zeit viel zu schade.

Jesus hat im Evangelium auch über die Zeichen der Zeit gesprochen, die viele nicht erkennen. Er hat nicht nur die Zeitgenossen seiner Zeit gemeint, sondern er sagt es auch uns.

Von den Zeichen der Zeit

„Jesus sagte zu den Menschen: Sobald ihr im Westen Wolken aufsteigen seht, sagt ihr: Es gibt Regen. Und es kommt so. Und wenn der Südwind weht, dann sagt ihr: Es wird heiß.

Und es trifft ein. Ihr Heuchler! Das Aussehen der Erde und des Himmels könnt ihr deuten.

Warum könnt ihr dann die Zeichen dieser Zeit nicht deuten? Warum findet ihr nicht schon von selbst das rechte Urteil?“ (Lk. 12, 54 – 57)

Viele unserer Hirten und Oberhirten sollten sich einmal Gedanken über die Zeichen unserer Zeit machen bezüglich des Glaubenszustandes der Kirche in Deutschland. Als Beispiel dafür sollen hier die Aussagen zweier Geistlicher (Priester) genannt werden, die vor einem Millionenpublikum in Zeitung und TV die Ereignisse in Marpingen in keinem positiven Licht darstellten. Ihre Namen sollen nicht genannt werden, um sie nicht bloßzustellen.

Pastor N. N. sagte in der Bild-Zeitung (ich glaube, es war am 14. 7. 1999) über die drei Seherinnen von Marpingen: **„Gott denkt nicht in menschlichen Zeitmustern. Man sollte die ‚Seherinnen' mal auf ihren Geisteszustand untersuchen.“**

Wenn der Geistliche meint, dass man die Seherinnen auf ihren Geisteszustand untersuchen sollte, so wäre es wohl auch angebracht, das Bewusstsein des Herrn Pastors zu überprüfen, wie weit er die Zusammenhänge des Evangeliums kennt und wie weit er mit der Heiligen Schrift vertraut ist. Kennt er nicht die Stelle des Propheten Joel für das Ende der Zeit?

„Danach aber wird es geschehen, dass ich meinen Geist ausgieße über alles Fleisch. Eure Söhne und Töchter werden Propheten sein, eure Alten werden Träume haben und eure jungen Männer haben Visionen. Auch über Knechte und Mägde werde ich meinen Geist ausgießen in jenen Tagen. Ich werde wunderbare Zeichen wirken am Himmel und auf der Erde: Blut und Feuer und Rauchsäulen. Die Sonne wird sich in Finsternis verwandeln und der Mond in Blut, ehe der Tag des Herrn kommt, der große und schreckliche Tag. Und es wird geschehen: Wer den Namen des Herrn anruft, wird gerettet..." (Joel 3, 1 – 5).

Weiß der Herr Pastor nicht, dass die Kirche auf die Apostel und Propheten gebaut ist, und zwar auch auf die Propheten des Christentums, des Neuen Bundes, wie Papst Benedikt es in einem Interview bestätigt hat? Glaubt er, dass Gott sein Volk nur im Alten Testament durch seine Propheten wieder auf den rechten Weg zu führen versuchte, wenn sie davon abirrten, und im Christentum, dem Neuen und ewigen Bund, schweigt?

Weiß er nicht, dass Jesus selbst versprochen hat, im Verlauf des Christentums Propheten zu senden, als er sagte: „Darum hört: Ich sende Propheten, Weise und Schriftgelehrte zu euch..."? (Mt. 23, 34).

Sollte man dann nicht auch Paulus und andere wie Franz von Assisi, Augustinus und die Propheten des Alten Bundes auf ihren Geisteszustand überprüfen, da diese auch durch Offenbarungen und Visionen Gottes das geworden sind, als was sie heute verehrt werden?

Am 2. September 1999 war ein weiterer katholischer Priester in der Sendung von Günther Jauchs „Stern-TV" bei RTL eingeladen. Jauch fragte den Herrn Pfarrer, welche Eindrücke er über die Ereignisse in Marpingen hätte und was er davon hielte? Pfarrer A. W. antwortete unter anderem: „Ich verstehe nicht, warum die Muttergottes erscheinen soll und etwas sagt, was eigentlich nichts sagt. Hat der Himmel das nötig? Ich brauche das nicht!"

Mit solchen Aussagen, vor einem Millionen-Publikum, entwertete er nicht nur Marpingen, sondern auch sämtliche Erscheinungen, auch die an anerkannten Stätten wie beispielsweise Fatima und Lourdes. Dass der Zustand des Glaubens und der Kirche in Deutschland einen solchen Tiefstand erreicht hat, ist bei solchen Hirten, für die anscheinend alles in Butter ist, kein Wunder...

Die unterschiedliche Deutung der Zeit durch zwei Oberhirten der Kirche

Ich möchte jetzt noch einmal die Aussagen Mariens wiederholen, die sie als Begründung für ihr Erscheinen im Jahr 1999 angegeben hat.

„Ich habe euch versprochen zu kommen, wiederzukommen in schwer bedrängter Zeit und ich halte meine Versprechen. Ich bin jetzt wieder hier." „Ich komme als Mutter für Deutschland." „Ich will den Triumphzug meines unbefleckten Herzens in Marpingen beginnen – denn die Zeit ist nahe!" „Es ist wahr, mein Sohn hat mich geschickt, als letzte Mahnung für Deutschland."

In Verbindung mit den schwerwiegenden Botschaften Mariens für Deutschland möchte ich die Aussagen eines Oberhirten einer deutschen Diözese gegenüberstellen und seine Deutung der Zeit, des Glaubens und des Zustandes der Kirche verdeutlichen. Sein Name soll ebenfalls nicht genannt werden. Aber eines ist sicher, so gut er in der Pastoral ist - diesen Eindruck macht er bis jetzt - so wenig scheint er aber über die wirklichen Zeichen unserer Zeit und Kirche im Bilde zu sein.

In einer Predigt im November 2008 sagte der Bischof unter anderem: **„Durch die in jüngster Zeit aufgekommene 'Vision vom Ende der Welt' und die vielfach geäußerten 'zerstörerischen Perspektiven' für die Zukunft sollten sich die Menschen nicht blenden lassen." Er nannte in diesem Zusammenhang die Bibel - das Trostbuch der Kirche. Der Glaube an Gott habe Kraft bis auf den tiefsten Quellengrund.**

„So schlimm ist es nicht in unserer Zeit", sagte der Bischof. End-

zeitliche Szenarien und angedeutete Katastrophen lösten bei den Menschen Angst vor Verlust und vor der Zukunft aus. Hier sei „der Glaube eine große Chance zur Überwindung“. Dann stellte der Bischof noch fest: „Wir sind eine lebendige Kirche“.

Ja, liebe Muttergottes, warum bist du eigentlich nach Marpingen gekommen, um uns mit deinen Botschaften zu beunruhigen? Es ist doch alles gar nicht so schlimm, wir sind ja eine lebendige Kirche, sagt der Herr Bischof...

Im weiteren Verlauf dieses Buches werden wir uns aufgrund der Botschaften Mariens in Marpingen diese lebendige Kirche näher anschauen.

Den schwerwiegenden Botschaften der hl. Jungfrau Maria viel näher kommt die Beurteilung der Zeit und unserer Zukunft durch einen anderen ehemaligen Oberhirten, den verstorbenen Papst Johannes Paul II. Sie unterscheidet sich zu 100 Prozent von der des vorhin zitierten Bischofs. Hier noch einmal seine Aussage: **„Wir stehen vor der größten Schlacht, die die Menschheit je gesehen hat. Ich denke nicht, dass die Gemeinschaft der Christen dies vollends begriffen hat. Wir stehen heute vor dem Endkampf zwischen der Kirche und der Anti-Kirche, zwischen dem Evangelium und dem Anti-Evangelium.“**

Liebe Muttergottes, hast du vielleicht doch recht, dass du in schwer bedrängter Zeit wieder nach Deutschland gekommen bist, um den Menschen zu sagen, wie sehr du sie liebst, sie aber auch vor der großen Bedrängnis zu warnen, die uns erwartet, wie sie auch in der Heiligen Schrift vorausgesagt wird, und um uns vorher in deinem Schutzmantel zu bergen?

Bist du auch deshalb nach Deutschland gekommen, um uns letztmalig zu mahnen und die Menschen, aber auch die Hirten und Oberhirten aus ihrem Schlaf aufzurütteln, da sie die Zeichen der Zeit nicht erkennen vor lauter, oft nebensächlichen, Dingen, durch die sie abgelenkt und bewusstlos geworden sind?

Als ich 1999, frisch bekehrt, in Marpingen von der schwer bedrängten Zeit durch die Botschaft Mariens hörte, sah ich in meiner neuen Bibel, die ich mir zugelegt hatte, nach, wo etwas über Bedrängnis stehen könnte. In der „Rede Jesu über die Endzeit“, Mt. 24, wurde ich fündig. Da las ich:

Die große Bedrängnis

„wenn ihr dann am heiligen Ort den unheilvollen Gräuel stehen seht, der durch den Propheten Daniel vorhergesagt worden ist - der Leser begreife - “ (Mt. 24, 15), dann las ich ein paar Verse weiter, da stand:

„Denn es wird eine so große Not kommen, wie es noch nie eine gegeben hat, seit die Welt besteht, und wie es auch keine mehr geben wird“ (Mt. 24, 21).

Mir war 1999 überhaupt nicht bewusst, um was es bei diesem unheilvollen Gräuel – wie in Mt. 24, Vers 15 beschrieben – geht. Wenn Jesus auf den Propheten Daniel verweist, der diesen Gräuel am Ende unserer Zeit voraussagt, so kann jeder bei Daniel 9, 27 und 11, 31 nachlesen, worum es dabei geht. Im Verlauf der Marpinger Botschaften werden wir zwangsläufig darauf zurückkommen müssen.

Natürlich wusste ich seinerzeit auch nicht, dass das Aufstellen des unheilvollen Gräuels, vor dem Jesus warnt, das Schicksal der katholischen Kirche, ja sogar das Schicksal der Welt und Menschheit bedeutet.

Der finale Kampf der Hölle gegen die Kirche

Um die Marpinger Botschaft von 1999 in ihrer tiefen und weitreichenden Bedeutung gänzlich zu verstehen, sollte man die biblischen Zusammenhänge, besonders den Kampf der Mächte der Unterwelt gegen die auf Petrus gebaute Kirche, verdeutlichen.

Wer die Hl. Schrift und ihre Zusammenhänge nicht kennt, kann die Zeichen der Zeit eben nicht erkennen. Dann kann er aber auch die Feinde der Kirche und ihre raffinierten Fallen nicht erkennen und somit nicht wirksam gegen sie ankämpfen.

Einer der mitentscheidenden Gründe für die Ahnungslosigkeit über die Zeichen unserer Zeit, des Glaubens, des Kirchenzustandes und die oft, ich möchte sagen, Blindheit, Gleichgültigkeit und Menschenfurcht nicht weniger Hirten gegenüber den Machenschaften der Kirchenfeinde im Kampf gegen die auf Petrus gegründete Kirche, ist die Nichtbeachtung oder zumindest geringe Aufmerksamkeit den (echten) Botschaften der Königin der Propheten, Mariens, gegenüber.

Das Drama im Alten Testament wiederholt sich auch im Verlauf des Neuen Bundes, der Christenheit. Hat man damals die Zeichen der Zeit nicht erkannt, so ist es heute genauso.

Hat man damals wenig auf die Propheten Gottes gehört, wie Daniel berichtet: **„Wir haben nicht auf die Stimme des Herrn, unseres Gottes, gehört und seine Befehle befolgt, die er uns durch seine Diener, die Propheten, gegeben hat...“** (Dan. 9, 10), so begehen wir im großen und ganzen (und ich möchte eine nicht geringe Anzahl von Hirten und Oberhirten miteinschließen) den gleichen Fehler ebenfalls und gerade auch durch die Nichtbeachtung der Stimme Mariens.

Die Muttergottes sagt in Marpingen: „Ich komme als letzte Mahnung für Deutschland“.

Sie bittet und fleht für die Bekehrung und Rückkehr zu Gott auf herzzerreißende Art und Weise und beklagt den großen Verlust der Glaubenswahrheiten in der Kirche.

Und was sagt der auf den vorigen Seiten zitierte Oberhirte in Deutschland? **„So schlimm ist es nicht in unserer Zeit. Endzeitliche Szenarien und angedeutete Katastrophen“ lösten bei den Menschen Angst aus... „Wir sind eine lebendige Kirche.“**

Ich möchte wirklich keine Stimmung erzeugen gegen die Hirten der Kirche, das ist wahrhaftig nicht mein Anliegen. Aber eines muß einmal ganz deutlich gesagt werden. Die Krise der Kirche ist in erster Linie auch eine Krise ihrer Hirten. Ein großer Teil unserer Hirten und Oberhirten sollte endlich aufwachen und die flammenden Zeichen der Zeit erkennen.

Die Muttergottes sagte in ihrer ersten großen, von der Kirche anerkannten Erscheinung 1846 in La Salette: ***„Rom wird den Glauben verlieren und Sitz des Antichrist werden.“***

Was bedeutet es, dass Rom den Glauben verlieren wird? Es bedeutet nichts anderes, als dass die überwiegende Mehrzahl der Bischofskonferenzen auf der Welt dem Papst die Gefolgschaft verweigern wird, was dazu führt, dass anstelle des Stellvertreters Christi sein

Widersacher in Rom seinen Sitz aufschlagen wird. Dann wird diese Epoche der Weltgeschichte eingetreten sein, die Paulus vor der Wiederkunft Jesu prophezeite: **„Denn zuerst muß der Abfall von Gott** (Anm.: und seiner Kirche) **kommen und der Mensch der Gesetzwidrigkeit erscheinen, der Sohn des Verderbens, der Widersacher, der sich über alles, was Gott oder Heiligtum heißt, so sehr erhebt, dass er sich sogar in den Tempel Gottes setzt und sich als Gott ausgibt“** (2. Thess. 2, 3 – 5).

Und dann sagt Paulus noch die geheimnisvollen Sätze: **„Ihr wisst, was ihn noch zurückhält, damit er erst zur festgesetzten Zeit offenbar wird. Denn die geheime Macht der Gesetzwidrigkeit ist schon am Werk; nur muß erst der beseitigt werden, der sie bis jetzt noch zurückhält. Dann wird der gesetzwidrige Mensch allen sichtbar werden“** (2. Thess. 2, 5 – 8).

Wer die geheime Macht bis jetzt noch aufhält, werden wir im Verlauf des Buches sehen. Wer erst beseitigt werden muß, der sie und den Sohn des Verderbens noch zurückhält, dürfte wohl klar sein und ist in allererster Linie eine Warnung an die Oberhirten und Hirten der Kirche, dem Papst die Treue zu halten. Denn die Kardinäle und Bischöfe sind es, die verhindern können, dass die geheime Macht der Gesetzwidrigkeit den Papst beseitigt, um den Sohn des Verderbens etablieren zu können, auch wenn den meisten das nicht bewusst ist, weil sie eben die „Zeichen der Zeit“ nicht erkennen oder ihnen das Bewusstsein dafür fehlt.

Die katholische Kirche ist das Reich Gottes auf Erden, das pilgernde Gottesvolk. Sie ist für jeden zu erkennen im Vatikanstaat, im Petersdom, im Papst. Ihre Lehre ist für jeden Menschen auf dieser Welt offen und verfügbar und stellt sich jeder Kritik.

Aber es gibt noch eine andere Größe auf dieser Welt und damit ist nicht der Islam oder eine andere Religion gemeint. Das andere Große ist die Synagoge Satans, wie sie dem Johannes in der Apokalypse (Offb. 2, 9) schon offenbart wurde. Sie agiert heimtückisch, verschlagen, im Schatten und im Geheimen.

Die gottlosen Mächte und Gewalten...

Paulus nennt sie die geheimnisvolle Macht der Gesetzwidrigkeit. Jesus bezeichnet sie als die Mächte und Gewalten der Hölle, die die auf Petrus gegründete Kirche nicht überwältigen werden, obwohl sie von ihnen angegriffen wird, um sie zu vernichten.

Johannes schildert diesen Kampf, in dem ein feuerroter Drache (Offb. 12, 3), ein schwarzes Tierungeheuer aus dem Meer, das wie ein Panther aussieht (Offb. 13, 1), und ein Tier vom Land (Offb. 13, 11), das zwei Hörner wie ein Lamm hat, gegen die Frau, die mit der Sonne bekleidet ist und die Kirche symbolisiert, kämpfen.

Um die Marpinger Botschaft besser zu verstehen, sollte man wissen, wer sie sind, und ihr Wirken und ihre Ziele kennen. Dem Begründer der Marianischen Priesterbewegung, Don Stefano Gobbi, entschlüsselte die Muttergottes dieses Geheimnis. In stark gekürzter Form möchte ich diese Botschaft vorstellen.

Die Nachkommen der Schlange und ihr verborgenes Wirken

14. Mai 1989 **Der große feuerrote Drache** (Offb. 12, 3)

„Nur der Geist des Herrn kann die Macht und die siegreiche Stärke des großen feuerroten Drachen besiegen, der sich in diesem, eurem Jahrhundert überall in schrecklicher Weise entfesselt hat, um die ganze Menschheit zu verführen und zu betrügen.

Der große feuerrote Drache ist der atheistische Kommunismus, der in allen Teilen den Irrtum der Leugnung und der hartnäckigen Zurückweisung Gottes verbreitet hat.

Der große feuerrote Drache ist der marxistische Atheismus, der sich mit zehn Hörnern zeigt, nämlich mit der Macht seiner Kommunikationsmittel, um die Menschen zur Nichtbefolgung der zehn Gebote zu verleiten, und mit sieben Köpfen, auf jedem von ihnen ein Diadem, Zeichen der Macht und der Herrschaft. Die gekrönten Köpfe zeigen die Nationen an, in denen der atheistische Kommunismus errichtet ist und mit der Kraft seiner ideologischen, politischen und militärischen Macht herrscht.

Die Größe des Drachens zeigt klar das Ausmaß der von der unangefochtenen Herrschaft des kommunistischen Atheismus besetzten Erde.

Seine Farbe ist feuerrot, weil er Kriege und Blut als Werkzeuge seiner zahlreichen Eroberungen gebraucht.

Der große feuerrote Drache hat es in diesen Jahren erreicht, die Menschheit durch den Irrtum des theoretischen und praktischen Atheismus zu erobern, der nun alle Nationen der Erde verführt hat.

So wurde erreicht, eine neue Zivilisation ohne Gott, eine materialistische, egoistische, genusssüchtige, trockene und kalte Zivilisation zu errichten, die den Keim der Verwesung und des Todes in sich trägt.

Der große feuerrote Drache hat die teuflische Aufgabe, die ganze Menschheit der Herrschaft Gottes, der Verherrlichung der Heiligsten Dreieinigkeit und der vollen Verwirklichung des Planes des Vaters, der sie durch den Sohn zu seinem Ruhm geschaffen hat, zu entreißen."

3. Juni 1989 **Das Tier, das einem Panther gleicht** (Offb. 13, 1)

„In dieser schrecklichen Schlacht steigt aus dem Meer ein Tier, das einem Panther gleicht, dem Drachen zu Hilfe.

Wenn der feuerrote Drache der marxistische Atheismus ist, dann ist das schwarze Tier die Freimaurerei.

Der Drache zeigt sich in der Stärke seiner Macht; das schwarze Tier indessen agiert im Schatten, es verbirgt und versteckt sich, um so in alle Bereiche einzudringen.

Es hat die Tatzen eines Bären und das Maul eines Löwen, weil es überall mit Verschlagenheit und den gesellschaftlichen Kommunikationsmitteln, das heißt der Werbung, wirkt.

Die sieben Köpfe zeigen die verschiedenen Freimaurerlogen an, die überall auf heimtückische und gefährliche Weise agieren.

Dieses schwarze Tier hat zehn Hörner und auf den Hörnern zehn Diademe, die Zeichen der Herrschaft und des Königtums sind.

Die Freimaurerei herrscht und regiert in der ganzen Welt durch die zehn Hörner...

Aufgabe des schwarzen Tieres, das heißt der Freimaurerei, ist es, in heimtückischer, aber zäher Weise zu kämpfen, um die Seelen zu hindern, den vom Vater und vom Sohn aufgezeigten und durch die Gaben des Geistes erleuchteten Weg zu gehen.

In der Tat, wenn der feuerrote Drache agiert, um die ganze Menschheit dazu zu verleiten, auf Gott zu verzichten, Gott zu leugnen und daher den Irrtum des Atheismus zu verbreiten, so besteht das Ziel der Freimaurerei nicht darin, Gott zu leugnen, sondern ihn zu lästern..."

13. Juni 1989 **Das Tier, das einem Lamm gleicht** (Offb. 13, 11)

„Vielgeliebte Söhne, heute gedenkt ihr meiner zweiten Erscheinung in der armen Cova da Iria in Fatima am 13. Juni 1917.

Schon damals habe ich euch vorausgesagt, was ihr in dieser Zeit gerade erlebt.

Ich habe euch die große Schlacht zwischen mir, der mit der Sonne bekleideten Frau, und dem großen feuerroten Drachen, der die Menschheit dazu verleitet hat, ohne Gott zu leben, angekündigt.

Ich habe euch auch die heimtückische und geheime Tätigkeit vorhergesagt, die von der Freimaurerei betrieben wird, um euch von der Befolgung des Gesetzes Gottes abzubringen und euch so zu Opfern der Sünden und Laster zu machen.

Vor allem habe ich euch als Mutter vor der großen Gefahr warnen wollen, die heute die Kirche wegen der vielen und teuflischen Angriffe bedroht, die man gegen sie verübt, um sie zu zerstören.

Um dieses Ziel zu erreichen, kommt aus der Erde herauf ein Tier, das zwei Hörner wie jenes eines Lammes hat, dem schwarzen Tier, das aus dem Meer steigt, zu Hilfe.

Das Lamm ist in der Heiligen Schrift immer das Symbol des Opfers gewesen. In der Nacht des Auszuges aus Ägypten wird das Lamm geopfert und mit seinem Blut werden die Türpfosten an den Häusern der Hebräer bestrichen, um sie der Strafe zu entziehen, die dann aber alle Ägypter trifft.

Das hebräische Pascha gedenkt dieses Ereignisses jedes Jahr mit der Darbringung eines Lammes, das geopfert und verzehrt wird.

Auf Kalvaria opfert sich Jesus Christus für die Erlösung der Menschheit, er selbst macht sich zu unserem Pascha und wird das wahre Lamm Gottes, das alle Sünden der Welt hinwegnimmt.

Das Tier trägt auf seinem Kopf zwei Hörner wie jene eines Lammes.

Eng verbunden dem Symbol des Opfers ist jenes des Priestertums: die zwei Hörner.

Eine Kopfbedeckung mit zwei Hörnern trug der Hohepriester im Alten Testament.

Die Mitra – mit zwei Hörnern – tragen die Bischöfe in der Kirche, um die Fülle ihres Priestertums anzuzeigen.

Das schwarze Tier, das einem Panther gleicht, gibt die Freimaurerei an, das Tier mit den zwei Hörnern, das einem Lamm gleicht, zeigt die in das Innere der Kirche eingedrungene Freimaurerei an, das ist **die kirchliche Freimaurerei,** die sich vor allem unter den Mitgliedern der Hierarchie ausgebreitet hat. Diese freimaurerische Unterwanderung im Inneren der Kirche ist euch schon in Fatima von mir vorausgesagt worden, als ich euch angekündigt habe, **dass Satan sich bis in die Spitzen der Kirche einschleichen würde.**

Wenn es Aufgabe der Freimaurerei ist, die Seelen ins Verderben zu bringen, **so ist das Ziel der kirchlichen Freimaurerei hingegen, Christus und seine Kirche zu zerstören, indem sie ein neues Idol schafft, dass heißt einen falschen Christus und eine falsche Kirche.**

.... so verbreiten sich die Irrtümer überall selbst in der katholischen Kirche. Wegen der Verbreitung dieser Irrtümer entfernen sich heute viele vom **wahren Glauben** und verwirklichen so die Prophezeiung, die euch in Fatima von mir gemacht worden ist: - Es werden Zeiten kommen, in denen viele den wahren Glauben verlieren werden. – Der Verlust des Glaubens ist Apostasie (Abfall).

Die kirchliche Freimaurerei wirkt auf heimtückische und teuflische Weise, um alle zur Apostasie zu verleiten.

- Jesus ist das Leben, weil er die Gnade schenkt.

Ziel der kirchlichen Freimaurerei ist es, die Sünde zu rechtfertigen, sie nicht mehr als etwas Böses, sondern als einen Wert und ein Gut darzustellen.

So empfiehlt man, die Sünde zu begehen, als eine Art, die Bedürfnisse der eigenen Natur zu befriedigen, wobei man die Wurzel vernichtet, aus der die Reue entstehen kann. Und man sagt, **dass es nicht mehr notwendig ist, sie zu beichten.**

Die verderbliche Folge dieses furchtbaren Krebsgeschwüres, das in der ganzen Kirche verbreitet ist, besteht darin, dass die persönliche Beichte überall verschwindet.

Die Seelen werden verleitet, in der Sünde zu leben, indem sie das Geschenk des Lebens, das Jesus uns angeboten hat, zurückweisen.

- Jesus ist der Weg, der durch das Evangelium zum Vater führt.

Die kirchliche Freimaurerei fördert diejenigen Exegesen, die durch Anwendung verschiedener literarischer Gattungen das Evangelium rationalistisch und naturalistisch interpretieren, so dass es in allen seinen Teilen zerrissen wird.

Am Ende kommt man zur Leugnung der geschichtlichen Realität der Wunder und der Auferstehung Christi und man bezweifelt selbst die Gottheit Jesu und seine rettende Mission.

- Nachdem es den historischen Christus vernichtet hat, trachtet das Tier mit zwei Hörnern, das einem Lamm gleicht, **den mystischen Christus, der die Kirche ist, zu zerstören.**

Die von Christus gestiftete Kirche ist eine einzige: die heilige katholische, apostolische, eine auf Petrus aufgebaute.

Wie Jesus ist auch die von ihm gestiftete Kirche, die seinen mystischen Leib bildet, die Wahrheit, das Leben und der Weg.

- Die Kirche ist die Wahrheit, weil Jesus es nur ihr anvertraut hat, den gesamten Glaubensschatz in seiner Vollständigkeit zu hüten. Er hat ihn der hierarchischen Kirche anvertraut, das heißt dem Papst und den mit ihm vereinten Bischöfen.

Die kirchliche Freimaurerei sucht diese Wirklichkeit durch *DEN FALSCHEN ÖKUMENISMUS* zu zerstören, der dazu führt, alle

christlichen Kirchen anzunehmen, indem behauptet wird, dass jede von ihnen einen Teil der Wahrheit besitzt.

SIE BETREIBT DEN PLAN, EINE ALLGEMEINE ÖKUMENISCHE KIRCHE ZU GRÜNDEN, DIE AUS DEM ZUSAMMENSCHLUSS ALLER CHRISTLICHEN KONFESSIONEN GEBILDET WIRD, UNTER IHNEN DIE KATHOLISCHE KIRCHE.

- Die Kirche ist das Leben, weil sie die Gnade schenkt und allein die wirksamen Mittel der Gnade besitzt, die sieben Sakramente.

Vor allem ist sie Leben, weil ihr allein die Macht gegeben wurde, die Eucharistie durch das dienstamtliche und hierarchische Priestertum zum Leben zu bringen.

In der Eucharistie ist Jesus Christus mit seinem glorreichen Leib und seiner Gottheit wahrhaftig gegenwärtig.

Die kirchliche Freimaurerei versucht jedoch auf so viele und heimtückische Arten, die kirchliche Frömmigkeit in Bezug auf das Sakrament der Eucharistie anzugreifen.

Man hebt von ihr nur den Aspekt des *MAHLES* hervor, trachtet seinen Opferwert zu bagatellisieren und sucht die wirkliche und persönliche Gegenwart Jesu in den konsekrierten Hostien zu leugnen.

Deshalb sind allmählich alle äußeren Zeichen abgeschafft worden, die den Glauben an die tatsächliche Gegenwart Jesu in der Eucharistie angezeigt haben, wie Kniebeugen, öffentliche Anbetungsstunden und die heilige Gepflogenheit, den Tabernakel mit Licht und Blumen zu umgeben.

- Die Kirche ist der Weg, weil sie durch den Sohn im Heiligen Geist auf dem Weg der vollkommenen Einheit zum Vater führt.

Wie der Vater und der Sohn eins sind, so sollt auch ihr untereinander eins sein.

Jesus wollte, dass seine Kirche das Zeichen und das Werkzeug der Einheit des ganzen Menschengeschlechtes ist.

Die Kirche kann geeint sein, weil sie auf dem Eckstein ihrer Einheit erbaut worden ist: auf Petrus und dem Papst, der dem Charisma des Petrus nachfolgt.

Die kirchliche Freimaurerei jedoch versucht mit dem heimtückischen und arglistigen Angriff auf den Papst, das Fundament der Einheit der Kirche zu zerstören.

Sie stiftet die Intrigen zum Widerspruch und Protest gegen den Papst an; sie unterstützt und belohnt jene, die ihn schmähen und ihm nicht gehorchen, sie verbreitet Kritik und Opposition von Bischöfen und Theologen.

Auf diese Weise vernichtet man das Fundament der Einheit der Kirche selbst und so wird sie immer mehr zerrissen und geteilt.

Kämpft mit mir, ihr kleinen Kinder, gegen den Drachen, der trachtet, die ganze Menschheit gegen Gott aufzuwiegeln.

Kämpft mit mir, ihr kleinen Kinder, gegen das schwarze Tier, die Freimaurerei, die die Seelen ins Verderben bringen will.

Kämpft mit mir, ihr kleinen Kinder, gegen das Tier, das einem Lamm gleicht und das die in das Innere des kirchlichen Lebens eingedrungene Freimaurerei ist, um Christus und seine Kirche zu zerstören.

Um dieses Ziel zu erreichen, will das Tier, das einem Lamm gleicht, ein neues Idol errichten, nämlich **einen falschen Christus und eine falsche Kirche.**

- Die kirchliche Freimaurerei erhält Aufträge und Macht von den verschiedenen Freimaurerlogen und wirkt, um im geheimen alle zu verleiten, diesen geheimen Sekten beizutreten.

Tatsächlich übt das Tier, das einem Lamm gleicht, die ganze Macht des ersten Tieres in seiner Gegenwart aus und bringt die Erde und ihre Bewohner dazu, das erste Tier anzubeten.

Die kirchliche Freimaurerei erreicht schließlich auf direktem Weg, ein **Standbild** zu Ehren des Tieres zu errichten, und zwingt alle, dieses Standbild anzubeten.

So ersetzt man *GOTT* durch ein mächtiges, starkes und beherrschendes *IDOL*.

Ein so mächtiges Idol, das bewirkt, dass alle getötet werden, die das Standbild des Tieres nicht anbeten.

Ein so starkes und beherrschendes Idol, dass es alle, die Kleinen und die Großen, die Reichen und die Armen, die Freien und die Sklaven, zwingt, auf ihrer rechten Hand oder ihrer Stirn ein Kennzeichen anbringen zu lassen, und dass niemand kaufen oder verkaufen kann, ohne dieses Kennzeichen zu haben, das heißt, den Namen des Tieres oder die Zahl seines Namens. Dieses große Idol, das errichtet ist, um von allen angebetet und bedient zu werden, ist, wie ich euch schon in der vorhergehenden Botschaft offenbart habe, ein falscher Christus und eine falsche Kirche."

Die falsche Ökumene wird...

Diese falsche Ökumene wird besonders *in Deutschland, dem Mutterland der Reformation und Kirchenspaltung* im 16. Jahrhundert, sehr euphorisch und dynamisch vorangetrieben. Deutschland war der Motor für die Kirchenspaltung im 16. Jahrhundert und wird der Motor und beispielgebend, wie im 16. Jahrhundert, für das letzte große Schisma weltweit sein.

Die Situation in Deutschland ist einmalig auf der Welt. Etwa 26 Millionen Katholiken und zirka 25 Millionen evangelisch-protestantische Christen leben miteinander.

Der Zeit, als Protestanten und Katholiken sich in diesem Land verhältnismäßig abweisend, um es gelinde auszudrücken, gegenüberstanden, ist heute mehr oder weniger einer gleichberechtigten Geisteshaltung der Konfessionen gewichen. Dem Bewusstsein von eigenständiger Glaubensvorstellung ist heute jedoch das Gefühl von Gleichgültigkeit, auch den Glaubenswahrheiten gegenüber, gewichen. Heute heißen die Schlagwörter etwa: „Eine Taufe, ein Glauben", „Versöhnte Verschiedenheit", „Wir haben mehr Gemeinsames als uns trennt", „Kirche ist gleich Kirche", „Wir glauben doch alle an den gleichen Gott". Diesen Schlagwörtern könnte man noch mehrere hinzufügen.

Die Ökumene wurde zwar im zweiten Vatikanischen Konzil unumstößlich festgeschrieben, aber ob die vielen Katholiken, die der Ökumene wegen oft existentielle Abstriche an ihrem Glauben hinnehmen oder gar freiwillig fördern, über den Hinweis der Konzilsväter informiert sind, in dem es heißt: „Nichts ist dem ökumenischen Geist so fern wie jenes falsche Versöhnungsstreben, durch das die Reinheit der katholischen Lehre Schaden leidet und ihr ursprünglicher und sicherer Sinn verdunkelt wird.“? (Nr. 11, S. 240 – Kleines Konzilskompendium, Rahner/Vorgrimmler, 18. Auflage 1985, Herder, Freiburg)

Diesbezüglich gab die Muttergottes die Botschaft an Don Stefano Gobbi:

„In der Tat, mit der protestantischen Reformation weist man die Überlieferung als Quelle der göttlichen Offenbarung zurück und anerkennt nur die Heilige Schrift (Anm. Autor: das Prinzip Sola scriptura). Aber auch diese muß durch die Vernunft interpretiert werden und starrsinnig weist man das authentische Lehramt der hierarchischen Kirche, dem Christus es anvertraut hat, den Glaubensschatz zu hüten, zurück.

Jeder ist frei, die Heilige Schrift zu lesen und nach seiner persönlichen Auslegung zu verstehen. Auf diese Weise wird der Glauben an das Wort Gottes zerstört.

Das Werk des Antichrist in dieser historischen Periode ist die Spaltung der Kirche und die sich daraus ergebende Bildung neuer und zahlreicher christlicher Konfessionen, die allmählich zu einem immer umfassenderen Verlust des wahren Glaubens an das Wort Gottes gedrängt werden.

Die Zahl 666 dreimal angegeben, das ist mal 3, drückt das Jahr 1998, tausendneunhundertachtundneunzig, aus.

In dieser historischen Periode wird die Freimaurerei, unterstützt von der kirchlichen, ihr großes Ziel erreichen: ein Idol zu errichten. Ein falscher Christus und eine falsche Kirche. Deshalb ist das **Standbild,** das zu Ehren des ersten Tieres errichtet wurde, um von allen Bewohnern der Erde angebetet zu werden, und das mit seinem Kennzeichen alle jene bezeichnen wird, die kaufen oder verkaufen wollen, jenes des Antichrist.

So seid ihr am Höhepunkt der Läuterung, der großen Bedrängnis und des Abfalls angelangt.

Die Apostasie (Anm.: Abfall von der röm.-kath. Kirche) wird nun allgemein sein, **weil fast alle dem falschen Christus und der falschen Kirche folgen werden.**

Dann wird das Tor geöffnet sein für das Erscheinen des Menschen oder der Person des Antichrist selbst!“

Die Botschaften der Gottesmutter 1999

Die bisher geschriebenen Seiten dieses Buches waren, wie schon gesagt, notwendig, um die Botschaft von den Ereignissen im Härtelwald 1999 besser zu verstehen.

Die Marpinger Botschaften waren ein großes Geschenk für Deutschland, was sich auch in der Aussage der Gottesmutter wiederspiegelt, wenn sie sagt, dass sie als letzte Mahnung für Deutschland gekommen ist. Das soll nicht als Drohung verstanden werden, sondern drückt die große Sorge und Liebe des Himmels für dieses Land und seiner Menschen aus.

Nicht nur Maria hat sich über den Glaubensabfall in Deutschland und den deutschsprachigen Ländern beklagt, sondern auch Papst Johannes Paul II. hat sich während seiner Amtszeit oft über den Glaubenszustand in unserem Land besorgt gezeigt, was sich meines Erachtens unter anderem auch darin zeigte, dass er vor dem 1. Ökumenischen Kirchentag 2003 in Berlin noch rechtzeitig die Enzyklika der Eucharistie veröffentlichte, um den Bestrebungen einer deutschen Ökumenebewegung entgegenzuwirken, die das evangelisch-protestantische Abendmahl unentwegt fordert, nicht nur von evangelischer Seite aus, sondern auch von großen Teilen der Katholiken und so manchen katholischen Bischöfen, Kardinälen und Priestern und vor allem auch der deutschen Laienbewegungen.

Laut dem Magazin „Der Spiegel“ ergab eine Umfrage im Jahr 2003 vor dem 1. ÖKT, dass angeblich 88 Prozent der Katholiken das gemeinsame Abendmahl mit den evangelischen Christen befürworten. Wenn es stimmt, dass 88 Prozent der deutschen Katholiken das gemeinsame Abendmahl mit den evangelischen Christen befürworten, so zeigt dies auf alarmierende Weise (das ist nicht nur dramatisch ausgedrückt, sondern ist auch so dramatisch gemeint), dass die Mehrzahl der deutschen Katholiken den entscheidenden, ja, existentiellen Unterschied zwischen dem protestantisch-evangelischen Abendmahl und der katholischen hl. Eucharistie nicht kennt. Auf diesen entscheidenden Unterschied werden wir im Verlauf des Buches und der Botschaften von Marpingen „99“ noch kommen.

Wenn die Muttergottes sagt, dass fast alle der freimaurerischen falschen Ökumene und ihrem Standbild, das eine falsche Kirche und ein falscher Christus ist, folgen werden, so ist die prozentuelle Aussage von 88 Prozent der Katholiken, die das gemeinsame Abendmahl befürworten, ein Indiz dafür.

Wenn ein katholischer Priester, der bei Günther Jauchs Sendung „Stern-TV“ (RTL 2. Sept.) sagt, dass er nicht versteht, „warum die Muttergottes erscheinen soll“ und „etwas sagt, was eigentlich nichts sagt“, so ist diese Aussage des Geistlichen beispielgebend für sehr viele Hirten und Oberhirten, dass sie völlig ahnungslos in einer entscheidenden Situation der Kirche und Weltgeschichte stehen. Dann muß man sich aber fragen, wie können sie dann ihre Herde noch schützen?

Die Bedeutung der Marpinger Erscheinungsreihe von 1999 und ihrer Botschaften steht denen in den großen und berühmten Marienerscheinungsorten auf der Welt in ihrer Bedeutung kaum nach. Wie schon gesagt, ich kenne kein einziges Land oder keinen Erscheinungsort auf der Welt, in dem Maria vor über 120 Jahren erschienen ist und voraussagte, dass sie in schwer bedrängter Zeit wiederkommen wird, und dann auch ihr Versprechen 1999 eingehalten hat.

Maria sagte in einer ihrer Botschaften von „99“, dass sie „den Triumphzug ihres unbefleckten Herzens in Marpingen“ beginnt. Es ist eine Aussage von großen, kommenden weltbewegenden Ereignissen, die auf uns warten. Fast gleichzeitig aber zeigte sie sich äußerst betrübt, wenn sie feststellt, dass „der Teufel in Deutschland sein Spiel gewinnt“.

Die Reformation im 16. Jahrhundert

Das Jahr **1517** gilt als der Beginn der Reformation in Deutschland. Der deutsche Reformator Martin Luther greift mit seinen Thesen und seiner Theologie die Kirche, das Papsttum und die Lehre der röm.-katholischen Kirche an.

Heute sagt man hauptsächlich von evangelischer Seite, dass Luther die Kirche gar nicht spalten wollte. Diese Aussage muß aber entschieden zurückgewiesen werden. Seine Thesen und seine Theologie unterscheiden sich existentiell und fundamental derart von Rom, das gar nichts anderes übrigbleiben konnte als die Trennung von der römisch-katholischen Kirche.

Ich möchte jetzt nicht im einzelnen auf die Unterschiedlichkeit zwischen Luther und Rom eingehen, da dies nicht das Thema dieses Buches ist und die Thematik bei weitem sprengen würde. Auf was es jetzt ankommt und worauf man sich einzig konzentrieren sollte, ist die existentielle Unterschiedlichkeit zwischen dem evangelisch-protestantischen Abendmahl und der röm.-katholischen hl. Eucharistie.

Diese Unterschiedlichkeit ist für unsere Zukunft von fundamentaler, ja schicksalshafter Bedeutung. Sie ist von so großer Bedeutung, dass wir nachher noch kurz gesondert darauf eingehen müssen, da es die entscheidendste Problematik in der bisherigen Weltgeschichte ist.

Die Geburt des schwarzen Tieres (Offb. 13, 1)

Am 24. Juni **1717** vereinigen sich in England mehrere Freimaurerlogen zur Großloge von London. Bewusst wählten sie den 24. Juni, das Fest des hl. Johannes des Täufers, der, wie man weiß, Jesus Christus den Weg ebnete. Nur mit dem Unterschied, dass die Loge diesen Tag wählte, um einem anderen den Weg zu ebnen.

Jetzt könnte man einwenden, dass die Freimaurerei ja in England entstanden ist und nicht in Deutschland. Das stimmt, aber die Freimaurerei sollte nicht lange alleine bleiben.

Am 16. Juli 1782 gingen die Freimaurer auf dem Wilhelmsbader Kongress mit dem Illuminaten-Orden eine Allianz ein. Der Illuminaten-Orden wurde am 1. Mai 1776 von Dr. Adam Weißhaupt, Professor für katholisches Kirchenrecht an der Universität Ingolstadt, gegründet.

Illuminaten, was bedeutet das? Der Name „Illuminati" leitet sich von dem Wort Luzifer ab, das „Lichtträger" bedeutet oder „ein Wesen von außerordentlicher Brillanz“ (vgl. Jesaja 14, 12). Über die Illuminaten und die Freimaurerei und deren unheilvollen Verbindung habe ich in dem Buch „Der letzte Kampf zwischen Licht und Finsternis“ ausführlich geschrieben, deshalb soll es hier nicht wiederholt werden. So ist auch hier ein Deutscher mitbestimmend.

Die Geburt des feuerroten Drachens (Offb. 12, 3)

Der aus Trier stammende Deutsche Mordechai Marx Levy alias Karl Marx veröffentlicht 1848 „Das kommunistische Manifest“. Es ist das geistige Fundament für die bolschewistische Revolution 1917 in Russland und der Beginn der Herrschaft des roten Drachens.

Wenn Maria sagt, dass die falsche freimaurerische Ökumene 1998 ihr Ziel, dieses Idol oder Standbild aufzurichten, erreicht hat, so wird es wohl nicht mehr lange dauern, bis es auch öffentlich und amtlich vollzogen wird. Den richtigen Zeitpunkt und die Ereignisse, die dazu führen werden, kennen wir zwar noch nicht vollständig, aber die Missbrauchsfälle pädophiler katholischer Priester in Schulen, Klöstern etc. zeigen, dass sie den Feinden der Kirche hochwillkommen sind, um die katholische Kirche, unliebsame, unbequeme Bischöfe zu eliminieren und selbst den Papst anzugreifen. Der Endkampf gegen die römisch-katholische Kirche hat begonnen. All diese Ereignisse helfen einer falschen Ökumene, den Zusammenschluss aller christlicher Konfessionen inclusive der katholischen Kirche, ihre falsche Kirche und ihren falschen Christus bald zu etablieren.

Aber wenn man bedenkt, dass die Reformation 1517, die Geburt der Freimaurer 1717 und der marxistische Kommunismus 1917 begann, dann ist es schon ein wenig eigenartig, dass es immer die „17er“ Jahre sind, die diese Ereignisse brachten.

Wir wissen, dass im Jahr 2017 in Deutschland die große 500-Jahr-Feier der Reformation gefeiert wird und schon große Vorbereitungen dafür im Gange sind.

Schauen wir auf die Ereignisse der kommenden Zeit, vor allem auf die Ereignisse, die zwangsläufig zum Standbild des Tieres führen werden, wie wir später noch sehen werden.

Der Unterschied zwischen dem protestantischen Abendmahl und der katholisch heiligen Eucharistie!

Der Unterschied zwischen dem evangelisch-protestantischen Abendmahl und der katholisch heiligen Eucharistie ist fundamental und existentiell, das wurde schon gesagt. Leider ist die Kenntnis um diese gravierende Unterschiedlichkeit bei vielen Katholiken verdunstet. Diese Unkenntnis des Unterschiedes zwischen Abendmahl und hl. Eucharistie nützt die falsche Ökumene, um das Standbild des Tieres, den falschen Christus und die falsche Kirche zu etablieren. Katholiken, denen diese gravierende Unterschiedlichkeit nicht bewusst ist oder die das Abendmahl als gleichrangig gegenüber der hl. Eucharistie betrachten, sind in der Gefahr, dem Standbild des Tieres zu folge.

Das ist eine harte Aussage, aber die Wahrheit ist immer hart. Für die Wahrheit hat sich auch Jesus Christus kreuzigen lassen. Außerdem gibt es Befürworter, die das evangelische Abendmahl für glaubwürdiger als die hl. Eucharistie halten, weil sie nicht glauben können, dass Jesus wahrhaftig im größten Geheimnis der kath. Kirche, der hl. Eucharistie, gegenwärtig ist. Sie sind eher der Meinung, dass das Abendmahl ein heiliges Andenken des Leibes und Blutes Jesu ist. Das lässt sich auch leichter glauben.

Da das Wissen um den Unterschied von Abendmahl und hl. Eucharistie von schicksalhafter Bedeutung in allernächster Zukunft sein wird, sollte an dieser Stelle die Notwendigkeit der Unterscheidung unbedingt verdeutlicht werden.

Abendmahl contra hl. Eucharistie!

Die katholische Kirche zählt unter Verweis auf die Bibel und die frühchristliche Tradition sieben Sakramente. Diese zentrale theologische Position der Kirche greift Luther jedoch scharf an.

Diese sieben katholischen Sakramente sind: Taufe – Beichte – hl. Eucharistie – Firmung – Ehe – Krankensalbung und **Priesterweihe!**

Fünf Sakramente der katholischen Kirche wie das Bußsakrament (Ohrenbeichte), die Firmung, Ehe, Krankensalbung und vor allem die Priesterweihe verwirft Luther und schafft sie ab. Luther bestand nur auf zwei Sakramenten, der Taufe und Abendmahl.

Von den zwei Sakramenten Taufe und Abendmahl, die Luther von den sieben katholischen Sakramenten hat gelten lassen, ist jedoch nur die Taufe für die katholische Kirche akzeptabel.

Luthers Sakrament des Abendmahls ist für die katholische Kirche ungültig, da ihr Verständnis dieses Sakramentes ein existentiell anderes ist.

Die katholische Kirche sagt, dass nur die in der 2000jährigen Weihekette (Sukzession) stehenden, **im Sakrament der Priesterweihe geweihten Bischöfe und Priester die Kraft haben, in der hl. Messe die Wesensverwandlung von Brot und Wein in den Leib und das Blut Jesu vollziehen zu können.**

Die Bischöfe und Priester stehen in der 2000jährigen Weihekette der katholischen Kirche. Das heißt, sie geht von Jesus auf die Apostel. Die Apostel gaben die Weihekette an ihre Nachfolger, die Bischöfe, weiter, die Bischöfe an die Priester. Es ist eine ununterbrochene 2000jährige Weihekette in der römisch-katholischen Kirche.

Luther und die anderen Reformatoren, soweit sie katholische Priester waren wie Luther, konnten die Weihekette ihren Nachfolgern, den protestantisch-evangelischen Pfarrern/ -innen nicht weitergeben, da sie selbst keine Bischöfe waren, die dazu berechtigt gewesen wären. Dies bedeutet, dass das Amtspriestertum der katholischen Kirche in den protestantisch-evangelischen Gemeinschaften ausgelöscht ist. Dies wiederum heißt, dass ihr Sakrament des Abendmahls aus katholischer Sicht ungültig ist.

So sind die heutigen Pfarrer/ -innen und Bischöfe/ -innen der reformierten protestantisch-evangelischen Gemeinschaften nach katholischer Lehre keine Priester und Bischöfe im Sinne der katholischen Kirche. Somit haben sie auch nicht die Kraft – nach katholischer Lehre -, das Brot und den Wein in den Leib und das Blut Jesu Christi zu verwandeln.

Dieser Lehre und diesem Selbstverständis vom Sakrament der hl.

Eucharistie in der kath. Kirche begegnete Luther mit einer Gegenbehauptung. Er verwirft aufs schärfste die Wesensverwandlung des Brotes und Weines in den Leib und das Blut durch den in der Weihekette stehenden katholischen Priester (Bischof) und verkündet: Der Glaube allein verleiht den Sakramenten der Kirche ihre Kraft, was für den Empfang des Abendmahles bedeutet: „Glaube und du hast schon genossen!“

So lehnt Luther das Weihepriestertum ab und behauptet: „Alle Christen sind wahrhaft geistlichen Standes und unter ihnen ist kein Unterschied als der des Berufes...“

Zwischen Calvin und Luther entstand ein Streit. Calvin hält Brot und Wein im Abendmahl, im Gegensatz zu Luther, nur für ein Symbol.

Die katholische Kirche sagt, dass nach der Wesensverwandlung durch den Priester der Leib und das Blut Jesu solange wahrhaftig gegenwärtig ist, wie die Substanz des Brotes und Weines vorhanden ist. So kommt es, dass in jeder römisch-katholischen Kirche im Tabernakel, in den konsekrierten Hostien, Jesus gegenwärtig ist.

Luther hält dagegen und behauptet, dass Jesus in den Gestalten von Brot und Wein nur im Augenblick des Abendmahlempfanges gegenwärtig ist, und danach ist das Brot nur noch Brot und Wein nur noch Wein. So findet man in evangelischen Kirchen auch keinen Tabernakel.

Dass sich Luther und Kollegen auch in dieser Richtung geirrt haben, beweisen die vielen Hostienwunder der katholischen Kirche, die von unabhängigen Wissenschaftlern bestätigt wurden. Auch für die ungläubigen Thomasse der christlichen Geschichte gibt Gott Zeichen und Wunder.

Ein Mysterium tremendum, ein erschütterndes Geheimnis...

Wenn man noch sagen könnte, dass es keinen Beweis für die Wahrheit der Wesensverwandlung, der Transsubstantiation gegenüber der theologischen Auffassung von Luther und Kollegen bezüglich des Abendmahles gibt (obwohl die Hostienwunder wissenschaftlich bezeugt sind und man sie dennoch ablehnt), so gibt es zumindest einen biblischen Beweis über ihre irrige Auffassung des Opfergedankens, den sie ablehnen.

Für die röm.-katholische Kirche ist die hl. Messe das tägliche Opfer, die reine Opfergabe, die dem Herrn überall dargebracht wird, vom Aufgang bis zum Untergang der Sonne. Das Opfer der Messe erneuert und macht jenes gegenwärtig, das von Jesus auf Kalvaria vollzogen worden ist. In der Wandlung der hl. Messe werden das Brot und der Wein wahrhaftig in den Leib und das Blut Jesu verwandelt. Das hl. Messopfer ist ein Mysterium tremendum, ein erschütterndes Geheimnis...

Im Alten Testament hat man Gott zur Ehre Tiere zum Opfer dargebracht. Das Opfer des Neuen Bundes ist das Kreuzesopfer Jesu Christi.

Die heilige Messe ist das immerwährende Opfer des Neuen Bundes, die unblutige Erneuerung des Kreuzesopfers Christi. Die katholische Kirche feiert das hl. Messopfer seit den Zeiten der Apostel. In jedem hl. Messopfer werden die Früchte des Kreuzesopfers als die Erlösungsgnaden den Teilnehmern zuteil.

So wie die Tieropferungen im Alten Bund nie aufhörten und Gott zur Ehre immer wieder gefeiert wurden, so kann die Opferung im Neuen Bund auch nicht beendet oder durch ein Symbol ersetzt werden.

Martin Luther schaffte das hl. Messopfer ab und ließ sich dazu verleiten, das tägliche Messopfer der katholischen Kirche als einen „Gräuel" und eine „vermaledeite (verfluchte) Abgötterei" zu verurteilen. Dabei warnt Jesus ausdrücklich vor dem unheilvollen Gräuel am heiligen Ort, den der Prophet Daniel schon vorausgesagt hat (vgl. Mt. 24, 15). Dieser unheilvolle Gräuel, den Daniel voraussagt, sind die bekannten Aussagen, dass „am Ende der Zeit (Dan. 9, 27; 11, 31) ein verächtlicher, aber mächtiger König mit seinen Streitkräften das Heiligtum auf der Burg entweihen und **das tägliche Opfer abschaffen wird."**

Das Heiligtum ist das Allerheiligste Altarsakrament und das tägliche Opfer das Messopfer der römisch-katholischen Kirche. So hat Luther, der das hl. Messopfer der katholischen Kirche als einen „Gräuel" und eine „vermaledeite Abgötterei" verurteilte und abschaffte, selbst vor knapp 500 Jahren den Gräuel der Verwüstung begangen. Somit kann Luther als der Vorläufer des Antichrist bezeichnet werden, der die Abschaffung des täglichen Opfers vorwegnahm. Ja, die Wahrheit ist immer hart.

Seine Ablehnung und Verurteilung des hl. Messopfers begründete er mit der Aussage im Hebräerbrief (9, 27 – 28) vom einmaligen Opfer, wo es heißt: „Und wie es dem Menschen bestimmt ist, ein einziges Mal zu sterben, worauf dann das Gericht folgt, so wurde auch Christus ein einziges Mal geopfert, um die Sünden vieler hinwegzunehmen, beim zweiten Mal wird er nicht wegen der Sünden erscheinen, sondern um die zu retten, die ihn erwarten.“ Luthers Buchstabenauslegung der Heiligen Schrift ließ ihn auch in dieser existentiellen biblischen Aussage in die Irre gehen.

Da für den deutschen Reformator die (unblutige) Vergegenwärtigung des täglichen Kreuzesopfers der katholischen Kirche nicht akzeptabel war, interpretierte er das Sakrament als Erinnerung an das letzte Abendmahl Jesu, in der Nacht vor seinem Tod.

Wenn einer der wenigen deutschen Bischöfe in einem öffentlichen Vortrag das evangelische Abendmahl mutig als „das Brot des Irrtums“ bezeichnet, so ist es noch sehr diplomatisch ausgedrückt. Aus diesem Blickwinkel heraus könnten einmal die Katholiken - wie schon gesagt - die Warnung von Papst Johannes Paul II. vor dem Empfang des gemeinsamen Abendmahles beim 1. Ökumenischen Kirchentag in Berlin besser verstehen.

Er stellt Streitkräfte auf, die das Heiligtum entweihen...

Eine der großen und gerühmten Taten Martin Luthers ist seine Bibelübersetzung in die deutsche Sprache. Es gab zwei Säulen, auf die die Protestanten ihren Aufstand gegen die röm.-katholische Kirche stützten. Die erste Säule heißt „Sola fide“, die zweite „Sola scriptura“. Ich möchte mich jetzt nur kurz auf „Sola scriptura“ beschränken, da es sonst die Thematik des Buches weit übersteigen würde.

Mit „Sola-scriptura“ wird ausgesagt, dass die einzige Autorität des

Glaubens die Bibel ist, also kein Papst, kirchliche Überlieferung und Tradition plus Bibel, wie es die katholische Kirche in Anspruch nimmt.

Die Ironie des protestantischen „Sola scriptura“ jedoch ist die, dass man die Heilige Schrift als einzige Autorität anerkennt, gleichzeitig jedoch der Bibel widerspricht, denn nirgendwo lehrt die Bibel, dass die Schrift allein die einzige Autorität ist.

Tatsächlich bestätigt die Schrift die katholische Auffassung, dass das autoritative Wort Gottes in der Kirche zu finden ist: in ihrer Tradition (2. Thess. 2, 15; 3, 6) und in ihrer Predigt und Lehre (1. Petr. 1, 25; 2. Petr. 1, 20 – 21; Mt. 18, 17).

Martin Luther (und Kollegen) haben nicht nur bei Sola fide und Sola Scriptura den Aussagen der Schrift widersprochen, sondern hatten auch die Bedeutung des Gräuels der Verwüstung und des täglichen Opfers auf tragische Weise nicht erkannt, obwohl Luther die Bibel übersetzt hat. Ist Luther kein Licht aufgegangen, als er den höchst bedeutungsvollen Satz in Mt. 24, 15 (Mk. 13, 14) übersetzte, als Jesus warnte: „Wenn ihr nun sehen werdet das Gräuelbild der Verwüstung stehen an der heiligen Stätte, wovon gesagt ist durch den Propheten Daniel: ‚Wer das liest, der merke auf!...‘“? (Dan. 9, 27; 11, 31).

Jesus warnt vor einem unheilvollen Gräuel der Verwüstung an der heiligen Stätte, den der Prophet Daniel schon für das Ende der Zeit voraussagte. Daniel schildert diesen Gräuel am Ende der Zeit (Dan. 9, 27; 11, 31) und Luther hat auch das übersetzt wie folgt: *„Er stellt Streitkräfte auf,* ***die das Heiligtum auf der Burg entweihen, das tägliche Opfer abschaffen und den unheilvollen Gräuel aufstellen...“*** (Dan. 11, 31).

Daniel berichtet, dass ein verächtlicher König am Ende der Zeit drei höchst bedeutende Handlungen begehen wird. Er wird mit seinen Streitkräften das Heiligtum auf der Burg entweihen, das tägliche Opfer abschaffen und den unheilvollen Gräuel (bei Luther Gräuelbild) aufstellen.

Das Heiligtum auf der Burg entweihen bedeutet, das Allerheiligste Altarsakrament im Vatikan und in allen röm.-katholischen Kirchen weltweit zu entweihen und zu entfernen. Das tägliche Opfer abschaffen bedeutet, das tägliche Messopfer der katholischen Kirche

abzuschaffen, das auch Martin Luther am Anfang seines Priestertums noch gefeiert hat und das er selbst letztendlich abgeschafft und als vermaledeiten Götzendienst bezeichnet hat.

Und letztendlich wird der Antichrist ein Gräuel (-bild; Standbild) aufstellen.

Das tägliche (Tier-) Opfer wurde schon einmal im Alten Bund abgeschafft und ist ein prophetischer Hinweis Daniels auf die Entweihung des Jerusalemer Tempels durch den heidnischen König Antiochus IV. Epiphanes, der 168 v. Chr. dort einen heidnischen Kult einrichten ließ. Das Gräuelbild war entweder ein Götterbild oder ein Standbild des griechischen Gottes Zeus oder wahrscheinlicher – ein kleiner Altaraufsatz, der auf den großen Brandopferaltar gestellt wurde, wie in 1. Makk. 1, 45; 54; 6, 7 geschildert.

Das Gräuelbild, das am Ende unserer Zeit am heiligen Ort aufgestellt wird, wird ein Standbild des Antichrist sein anstelle des Tabernakels, in dem das Allerheiligste Altarsakrament bis jetzt aufbewahrt ist.

So sagte ja auch Paulus voraus: „Denn zuerst muß der Abfall von Gott kommen und der Mensch der Gesetzwidrigkeit erscheinen, der Sohn des Verderbens, der Widersacher, der sich über alles, was Gott oder Heiligtum heißt, so sehr erhebt, dass er sich sogar in den Tempel Gottes setzt und sich als Gott ausgibt“ (2. Thess. 2, 2 – 4).

Das Standbild

Wie könnte das Standbild, der Gräuel der Verwüstung, der kommenden falschen Ökumene und ihrer falschen Kirche und des falschen Christus durch den Zusammenschluss aller christlicher Konfessionen, unter ihnen die röm.-katholische Kirche (der die meisten Katholiken folgen werden), aussehen?

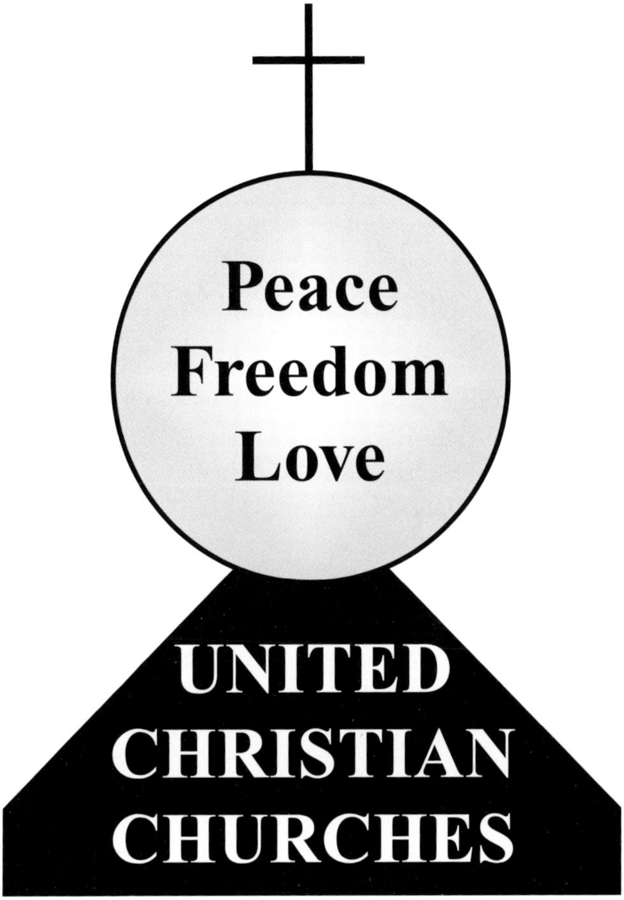

	=	*Globus*	*Freedom*	=	*Freiheit*	*United*	=	*Vereinigte*
Peace	=	*Frieden*	*Love*	=	*Liebe*	*Christian*	=	*Christliche*
						Churches	=	*Kirchen*

Altar der römisch-katholischen Kirche

Der Tabernakel ← *enthält das Allerheilgite Altarsakrament: konsekrierte Hostien, die im täglichen Messopfer durch den Amtspriester in den Leib Christi verwandelt werden.*

Jesus ist wahrhaftig gegenwärtig.

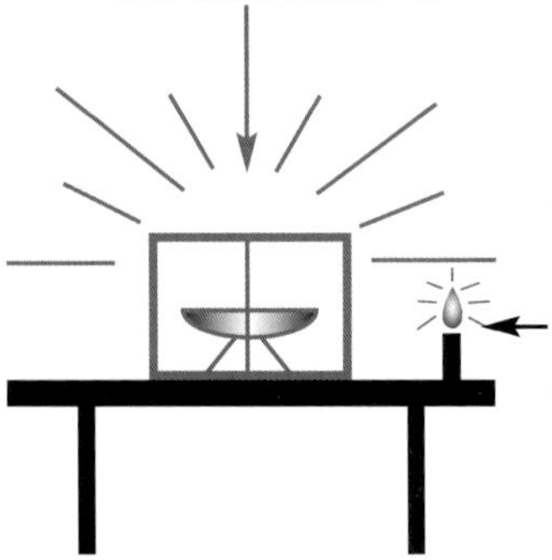

Das ewige Licht, als Zeichen für die Gegenwart Christi.

Das konsekrierte Brot und der Wein sind Leib und Blut Christi, solange die Substanz der Hostie und des Weines vorhanden ist.

Altar der lutherisch-evangelisch/protestantischen Kirchen (!)

Luther schaffte das tägliche Opfer ab. Abschaffung – Sakrament der Priesterweihe, keine Wesensverwandlung des Brotes und Weines in den Leib und das Blut Jesu Christi durch den protestantischen Pfarrer/-in.
Somit war Luther auch der Tabernakel, in dem das Allerheiligste Altarsakrament, die konsekrierten Hostien, aufbewahrt sind und das Ewige Licht als Kennzeichen für die Gegenwart Christi im Tabernakel, überflüssig und wurden beseitigt.

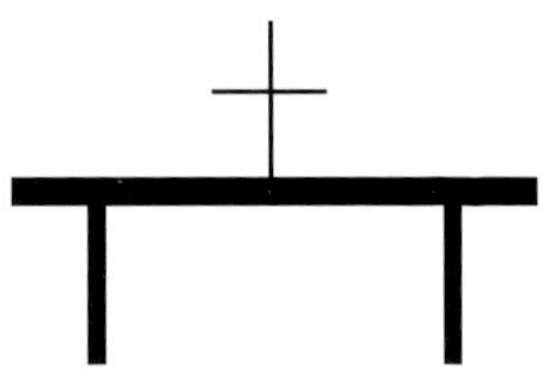

Evangelisch-protestantischer Altar mit Kreuz

Luther: der Glaube allein verleiht den Sakramenten die Kraft. Das Brot und der Wein sind nur solange Leib und Blut Christi für Luther, solange das Abendmahl empfangen wird. Die übrigen Hostien nach dem Abendmahlempfang sind nach Luther nur noch Brot und Wein. Deshalb gibt es in den evangelischen Kirchen keinen Tabernakel und kein Ewiges Licht.

Das Standbild
Altar der ökumenisch falschen Kirche und des falschen Christus

S o n d e r n →

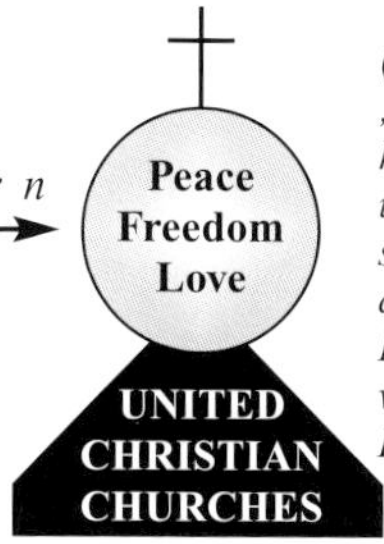

(Mt. K. 24, 15):
„Wenn ihr dann am heiligen Ort den unheilvollen Gräuel stehen seht, der durch den Propheten Daniel vorhergesagt worden ist – der Leser begreife –, …"

Die falsche ökumenische Kirche = kein Tabernakel, kein tägliches Opfer, kein Allerheiligstes Sakrament, kein Ewiges Licht (wie in den evangelisch-protestantischen Kirchen schon vor fast 500 Jahren geschehen).

(Dan. 11, 32):
„Er verführte mit seinen glatten Worten die Menschen dazu, vom Bund abzufallen …"

(Dan. 11, 30):
„Nun wendet er seine Wut gegen den heiligen Bund und handelt entsprechend. Dann kehrt er heim und erkennt jene an, die den heiligen Bund verlassen …"

Altar mit Standbild der neuen Weltreligion der falschen Kirche und des falschen Christus.

(Offb. 13, 15):
„Es wurde ihm Macht gegeben, dem Standbild des Tieres Lebensgeist zu verleihen, so dass es auch sprechen konnte, und bewirkte, dass alle getötet wurden, die das Standbild des Tieres nciht anbeteten."

In dieser falschen Kirche, dem Standbild des „Tieres", wird das protestantisch-evangelische Abendmahl empfangen, das das schon in der Reformation abgeschaffte tägliche Messopfer ist. Die Mitglieder dieser falschen Kirche werden das Kennzeichen 666 annehmen.

Der einzig gravierende Unterschied zwischen dem Abendmahl Luthers und dem Standbild des Tieres, der falschen Ökumene, ist, dass die Reformatoren nur einen Teil des Christentums von der röm.-katholischen Kirche abgespalten haben. Das Standbild werden alle anbeten müssen (außer der kleinen Herde).

Es ist die Zeit der großen Entscheidung gekommen...

Die Botschaften, die hier wiedergegeben und kommentiert werden, sind nur ein Teil der Gesamtbotschaft der Ereignisse von Marpingen 1999. Die ganzen Botschaften der 99er Ereignisse, auch als Original-Ton-Kassetten und einem Video-Film, die während der Erscheinungen aufgenommen bzw. gedreht wurden, werden am Ende des Buches im Literaturhinweis vorgestellt.

Deutschland und die ganze Welt stehen in der Zeitepoche gewaltiger Umbrüche und in schwer bedrängter Zeit. Wir sind an dem Punkt der Geschichte angekommen, der in der Rede Jesu vom Ende der Zeit (im Matthäus-Evangelium K. 24, ebenso bei Lk. und Mk.) prophezeit wurde und der Ereignisse, die Johannes in der Apokalypse so geheimnisvoll beschrieben hat.

Es ist die Zeit der großen Entscheidung gekommen. Das soll keine Angstmacherei, Katastrophen- oder Drohbotschaft sein, sondern ist Teil des Evangeliums, der frohen Botschaft schlechthin. Das Evangelium ist zwar die frohe Botschaft, aber auch eine Mahnbotschaft. Natürlich ist Gott die unbegreifliche, unendliche Liebe und Barmherzigkeit, der sich für die Erlösung der Menschen, und um sie zu retten, freiwillig ans Kreuz gegangen ist, aber wer die Gerechtigkeit Gottes, den anderen Teil des Evangeliums, ablehnt oder als Angstmacherei bezeichnet und als Prediger oder Hirte der Kirche verschweigt, verkündet nicht nur das halbe Evangelium, sondern verdreht und verfälscht es sogar.

Die Botschaften der Gottesmutter

5. September 1999: **„Meine Kinder, nehmt meine Botschaften, die ich euch an diesem Ort geben darf, von Gott aus als Geschenk an. Es ist ein großes Geschenk, dass ich euch diese Botschaften geben darf. – Denkt immer daran, dass ich euch von ganzem Herzen liebe, dass ich immer mit euch bin. Nehmt die Geschenke Gottes an, öffnet eure Herzen! Es ist wahr, mein Sohn hat mich geschickt, als letzte Mahnung für Deutschland.“**

Die Muttergottes sagte 1983, wie schon gesagt, dem Beter in der Marpinger Gnadenkapelle: „Der Fürst dieser Welt hat euch für Gottes Gebote und Offenbarungen blind gemacht. Euer Leben ist kein christliches mehr, sondern das Leben des neuen Heidentums... Unheil und Krieg werden euch überraschen. **Vor den Toren Deutschlands stehe ich weinend, wie Christus über Jerusalem geweint hat. Wie oft habe ich euch durch meine Offenbarungen gemahnt!"**

Verhalten wir uns genauso wie die Juden im Alten Testament, indem wir den Propheten Gottes gegenüber gleichgültig und abweisend eingestellt sind und dadurch dem Unheil ausgeliefert werden, wie Daniel beklagte und Gott gegenüber bedauerte?

„Wir haben nicht auf die Stimme des Herrn, unseres Gottes gehört und seine Befehle nicht befolgt, die er uns durch seine Diener, die Propheten, gegeben hat. Ganz Israel hat dein Gesetz übertreten, ist davon abgewichen und hat nicht auf deine Stimme gehört.

Darum kamen der Fluch und die Verwünschungen über uns, die im Gesetz des Mose, des Dieners Gottes, geschrieben stehen; denn wir haben uns gegen Gott versündigt.

Gott machte seine Drohung wahr, die er gegen uns und unsere Richter, die uns regierten, ausgesprochen hatte: Er werde so schweres Unheil über uns bringen, dass unter dem ganzen Himmel nie solche Dinge geschehen sein werden wie in Jerusalem" (Dan. 9, 10 – 12).

Gott will nicht unseren Untergang, er will uns retten und warnen, wie er es auch im Alten Testament durch die Propheten getan hat.

Die Welt ist kein Spaßplanet, wie uns die Werbung jener, die die Medien unter ihrer Kontrolle haben, in den letzten Jahrzehnten weismachen will. Die Welt ist ein Bewährungsplanet für oder gegen Gott, wenn man den roten Faden der Geschichte des Alten und Neuen Bundes und die Quintesenz des Evangeliums in seiner ganzen (nicht halben) Aussage und Bedeutung mit klarem Verstand sieht und erkennt. Deshalb sollten wir die Botschaften des Himmels, wie sie auch in Marpingen gegeben wurden, wirklich als ein großes Geschenk Gottes annehmen, wie es Maria uns am 5. September 1999 mitgeteilt hat.

Jesus weinte nicht umsonst über Jerusalem, denn das Unheil kam wirklich und wahrhaftig über Israel und die Stadt. Der Prophet Daniel ist - ähnlich wie Johannes, der die Geheime Offenbarung von Gott bekam - auch ein Prophet, der die Ereignisse bis in unsere Zeit hinein vorhergesagt hat: ***„Dann kommt eine Zeit der Not, wie noch keine da war,*** **seit es Völker gibt, bis zu jener Zeit. Doch dein Volk wird in jener Zeit gerettet, jeder, der im Buch verzeichnet ist“** (Dan. 12, 1).

Die Zeit der Not beschreibt Johannes in seiner Geheimen Offenbarung und Jesus sagt für das Ende der Zeit vorher: **„Denn es wird eine so große Not kommen, wie es noch nie eine gegeben hat, seit die Welt besteht, und wie es auch keine mehr geben wird. Und wenn jene Zeit nicht verkürzt würde, dann würde kein Mensch gerettet; doch um der Auserwählten willen wird jene Zeit verkürzt werden“** (Mt. 24, 21 – 22). Dies ist der Grund, warum Maria in schwer bedrängter Zeit - wie schon 1876 versprochen - im Jahr 1999 wieder nach Marpingen gekommen ist.

Dass die Zeit der großen Not, die uns erwartet, nicht das Ende der Welt ist, sondern der Übergang und Neubeginn in eine bessere Welt („Siehe, ich mache alles neu“, vgl. Offb. 21, 5), darauf weist die Aussage im Matthäus-Evangelium hin, dass es zwar eine „so große Not“ geben wird „wie noch nie seit die Welt besteht“, aber wie es auch keine **danach** mehr geben wird. Es gibt also eine Zeit **danach** auf dieser Welt.

Schauen wir uns jetzt einmal die Botschaften Gottes, gegeben durch seine Mutter, die Königin der Propheten, an, die wir als ein großes Geschenk betrachten sollten.

Die große Not, die uns erwartet und an deren Anfang wir schon stehen, sollte uns nicht Angst machen. Dies sagt uns die Muttergottes, aber auch unser Herr Jesus Christus, der in Marpingen auch Botschaften gab, unentwegt. Die Marpinger Botschaften waren und sind keine Droh- und Höllenbotschaften, wie sie in den Medien oft genannt wurden, wenn sie mit Schlagzeilen agierten wie: „Das Höllenfeuer flacker wieder.“

Allerdings sind es Mahnungen des Himmels, die mit dem Evangelium im Einklang stehen.

Wenn sogar manche Oberhirten der Kirche in Deutschland (aber auch in der restlichen Welt) vor Angstmacherei und vor Katastrophenbotschaften warnen oder sie gar ablehnen, wenn der Himmel vor den

Konsequenzen der Gottlosigkeit warnt, so bezeugen sie nur, dass sie die Zeichen der Zeit leider nicht erkennen oder ein falsches, d.h. einseitiges Bild des Evangeliums besitzen und, mit Verlaub, die Zusammenhänge der Heiligen Schrift (des Alten und Neuen Testamentes) nicht erkannt haben.

Der Evangelist Matthäus macht denen Mut, die die Auserwählten sind, um derentwillen die Zeit der Not verkürzt wird, da auch sie keine Chance hätten, zu überleben. Wer sind die Auserwählten? Die Heilige Schrift gibt uns die Antwort: **„Da geriet der Drache in Zorn über die Frau und er ging fort, Krieg zu führen mit ihren ÜBRIGEN Nachkommen, die den Geboten Gottes gehorchen und an dem Zeugnis für Jesus festhalten“** (Offb. 12, 17).

In dieser schwer bedrängten Zeit wird es wirklich darauf ankommen, sich unter den Schutzmantel der Muttergottes zu begeben, um auf den richtigen Weg, der zum Heil führt, sicher zu gelangen. So sagte auch Jesus in einer seiner Botschaften: **„Nur durch meine Mutter könnt ihr zu mir gelangen.“**

Ich muß gestehen, dass ich, als ich diese Botschaft 1999 in Marpingen gehört habe, überrascht war. Was ist mit den anderen Christen, die es gar nicht oder nicht unbedingt mit Maria halten, finden sie nicht zu Gott? Heute weiß ich es besser. In erster Linie kommt es heute in unserer Zeit der Entscheidung darauf an, durch Maria vor den Verirrungen der Zeit, der falschen Propheten und Idole und der falschen Ökumene und ihrer Bemühungen, die Christen (Katholiken) von Rom weg in die falsche Kirche zu ziehen, geschützt zu sein. Maria ist es, die uns durch ihr Erscheinen und durch ihre Botschaften dazu anleitet, auf dem rechten Weg des Heils zu bleiben und der wahren Kirche, der auf Petrus auferbauten, dem mystischen Leib Jesu, treu zu bleiben, die, wie Jesus **„der Weg, die Wahrheit und das Leben ist“** (Joh. 14, 6).

Warum erscheint Maria?

Evangelische, aber leider auch nicht wenige Katholiken stellen Maria in die Ecke oder glauben sogar, dass die Verehrung Mariens der Ehre Jesu Christi im Wege stehe.

Dies ist eine völlige Verkennung der Marienverehrung und außerdem völlig falsch.

Die Muttergottes gibt in der Dreifaltigkeitskapelle in Marpingen die Botschaft: **„Dieses Bild der Dreifaltigkeit hat hier oben seine Bedeutung: Nicht ich soll verherrlicht werden, sondern der Vater, der Sohn und der Heilige Geist.**

Ich bin die Mutter des Herrn, die vor Gottes Thron steht (und) kniet und Fürsprache einlegt für alle meine Kinder in der ganzen Welt.“

Ihr einziges Ziel ist es, uns zu ihrem Sohn Jesus Christus zu führen, der unser Heil ist.

Mariens Bitten und Flehen! (17. Okt. 1999)

„Meine Kinder, helft mir, dass meine Kinderschar wieder zu mir zurückkehrt. Betet viel! Betet, betet, betet! Opfert eure Leiden auf. Ich warte so sehnlichst auf meine Kinder. Ich möchte sie doch alle zu meinem Sohn führen. Ich werde alles tun, um sie zu meinem Sohn zu führen. Warum verschließen sie sich so sehr?

Wir wollen doch nur das Beste für sie. Die Herzen sind so kalt geworden. Sie blocken die Liebe ab, die mein Sohn ihnen geben möchte.

Meine Kinder, unsere Herzen sind voll Trauer. Die Trauer zerreißt unser Herz, wenn wir sehen müssen, wie wenig die Liebe geliebt wird. Ich komme, um euch ganz innig und voller Liebe zu bitten, alles, was ich von euch wünsche, mir zu geben. Nichts festzuhalten. Nichts, auch nicht euren eigenen Willen.

Ihr müsst meinem Sohn ähnlich werden, damit ihr ihm Trost seid. Ihr müsst euer Kreuz tragen, damit ihr den Weg geht, den er euch vorausgegangen ist. Ihr müsst diesen Weg gehen, denn es ist der einzige Weg, der zum Himmel führt. Ich habe den Auftrag, die Seelen zu meinem Sohn zurückzuführen. Diesen Auftrag muß ich ausführen und es ist auch mein Wunsch, diesen Auftrag auszuführen.

Ihr müsst mein Herz betrachten, wie es von Liebe voll ist und es

auf euch ausstrahlen möchte. Es möchte eure Herzen mit Liebe erfüllen, damit ihr Gott liebt. Ihr müsst zum Herrn zurückkehren! Er liebt euch mit der unendlichen Liebe seines Herzens, und er wartet in großer Sehnsucht auf die Rückkehr der Seelen.

Betet, betet, betet und opfert euer Leid. Auch das kleinste eurer Leiden ist für den Himmel wertvoll, wenn ihr es aus Liebe tragt, wenn ihr es ihm schenkt, wenn ihr sagt: Jesus, alles aus Liebe zu dir.

Diese Liebe braucht der Himmel aus euren Herzen, denn er hat euch für den Himmel geschaffen, damit ihr diese Liebe ewig lieben könnt. Laßt euch nicht verwirren! Laßt euch nicht in die Irre führen!"

Auch wer mit Gott gebrochen hat, kann zu ihm zurück, denn nichts ist unheilbar vor Gott, unwiderruflich ist allein seine Liebe...

Die Muttergottes kennt jeden von uns

Maria kennt jeden von uns und sorgt sich auch um jeden Menschen. Sie weist keinen zurück, der sich an sie wendet. Ich habe das auf eindrückliche Weise Mitte Januar '99 selbst erleben dürfen. So sagt sie auch in ihrer Botschaft vom 8. August 1999, die mich selbst durch meine eigene Erfahrung sehr berührte:

„Meine Kinder, ich danke euch, dass ihr meinem Rufen gefolgt seid und hierher gekommen seid. Wiederum habe ich jeden einzelnen von euch gerufen, bewusst oder unbewusst. Ich komme wiederum als Mutter, weil ich euch doch so sehr liebe, und bitte euch heute um Vertrauen und völlige Hingabe. Ich reiche euch meine Hand, nehmt sie an, bitte nehmt sie an. Ich bin euch gut, und ich liebe euch. Ihr könnt mir ganz vertrauen. Ich sagte doch schon, dass ich jeden von euch genau kenne und dass ich alles mit euch trage: eure Ängste, eure Sorgen, euer Leid, aber auch eure Freude.

Ich trage alles, was ihr habt, mit euch. Ich lasse euch nie alleine. Habt Vertrauen, schenkt mir euer Vertrauen, schenkt mir euch, und ich bringe euch zu meinem Sohn, der so sehr auf euch wartet und auf eure Liebe.

Habt keine Angst, meine Kinder. Durch mein unbeflecktes Herz wird euch der Weg zu meinem Sohn gezeigt.

Ich bin jedem einzelnen von euch Mutter. Ich trage jeden einzelnen von euch in meinem Herzen. Ich schenke euch mein ganzes Vertrauen, weil ich euch für meinen Plan berufen habe. Vertrauen heißt, nicht auf seine Angst zu schauen, auf seine Unfähigkeit, auf die Unmöglichkeit, etwas zu vollbringen, sondern Vertrauen heißt, auf mich zu schauen, sich meinem unbefleckten Herzen zu weihen, meine Hand anzunehmen, sich von mir kindlich führen zu lassen und alles mit mir, in mir und durch mich zu tun.

In all eurer Angst bin ich bei euch. Ich bringe eure Sorgen und eure Nöte zu Gott und lege Fürsprache für euch ein. Ich kümmere mich um jede Einzelheit eures Lebens. Ich kenne auch jede Einzelheit eures Lebens, jeden Augenblick, jeden Herzschlag, jeden Atemzug; alles, alles war ihr tut, um all das weiß ich."

26. Mai 1999: **„... Betet und tut Buße und lasst euch nicht verwirren. Geht meinen Weg mit mir zu Jesus. Ich werde meinen Mantel um euch legen und euch meine Hand reichen, um euch zu meinem Sohn zu führen. Habt keine Angst, meine Kinder, ich bin bei euch! Ich bin eure Mutter, die euch in den Armen hält. Bei jedem bin ich von euch.**

Jedem bin ich ganz nahe. Jeder von euch ist mein Kind, und ich lasse euch nicht im Stich, vor allen Dingen nicht in diesen schwer bedrängten Zeiten..."

5. September 1999: **„... Denn so groß ist mein Schmerz, wenn meine Kinder sich nicht von mir zu meinem göttlichen Sohne führen lassen. Es trifft mich jedes Mal so schwer, wenn ein Kind sich nicht führen lässt von mir.**

ICH BREITE MEINEN MANTEL AUS UND WILL EUCH ZU MIR NEHMEN UND ZU MEINEM GÖTTLICHEN SOHN FÜHREN.

Kommt doch zu mir! Er ist euer Heil. Ich flehe euch heute an! Ich bitte nicht, ich flehe, wie ich es schon vorher getan habe. Kommt zu mir, damit ich euch zu meinem Sohn führen kann. Er liebt euch so sehr und wartet auf eure Rückkehr."

Die Muttergottes, ich möchte fast sagen, überbietet sich förmlich in ihrem Bitten und in ihrem Flehen um Umkehr und Bekehrung. Sie will, dass wir uns an sie anlehnen, dass wir ein ganz enges Verhältnis und Nähe zu ihr aufbauen und pflegen, damit sie uns führen kann. Sie bietet uns unentwegt an, unter ihren Schutzmantel zu fliehen, wo wir geborgen sein und nicht irregeführt werden in der großen kommenden Not und Bedrängnis.

Noch geht es den Menschen im ehemals christlichen Abendland in wirtschaftlicher Weise gut und noch ist Frieden in unserem Kulturkreis, aber die Zeit ist nahe, sagt sie, und die kommenden Zeiten werden große Veränderungen bringen. Wohl den Menschen, die dann unter dem Schutzmantel Mariens sind.

In kaum einer der 13 Marpinger Botschaften von 1999 hat sie es versäumt, zu bitten und zu flehen. Unentwegt bezeugte sie die Liebe des Himmels zu uns, mit der Bitte zur Umkehr und Buße. Weiter sagt die Muttergottes (5. September '99): **„Aber, um meine Botschaften richtig zu verstehen: Ich spreche nicht von einem Weltuntergang."**

Über die Wiederkunft Jesu und die Zeiten der Geschichte, wie sie in der Bibel beschrieben sind, gibt es in der Kirche und im Christentum viel Orientierungs- und Ratlosigkeit. Darüber später mehr.

Die Botschaft Christi an Deutschland und an die ganze Welt

Der Erscheinungstag am 6. September 1999 war einer der bewegendsten und eindrücklichsten Erscheinungstage in Marpingen. Nicht nur für Christina und mich, sondern auch für andere, die das bestätigten.

Bevor die Muttergottes kam, regnete es stundenlang in Strömen und die Menschen harrten zu Tausenden aus (Wir sollten die Dornen spüren.). Jesus wollte das Opfer von uns, und die Muttergottes sagte, sie wolle Pilger und keine Touristen. Es war schon dunkel, und meine Uhr zeigte 21. 45 an, als die Muttergottes kam und der Regen dann auch aufhörte.

Nachdem Maria die erste Botschaft gab, wurde es einige Zeit ganz still. Bis die Seherin Christine plötzlich ganz ergriffen rief: „O Gott! Ich höre was, ich sehe aber nur im Herzen.“

Es ist Jesus, der durch sie spricht: **„Ja, es ist wahr, dass ich meine Mutter zu euch gesandt habe. Amen, ich sage euch, hört auf meine Mutter. Nur durch ihr unbeflecktes Herz gelangt ihr zu mir.“**

Jesus durch Marion: **„Ich will, dass ihr aus Liebe zu mir kommt, nicht aus Angst. Aus Liebe! – Habt keine Angst, es wird keinen dritten Weltkrieg geben, keinen Holocaust. Mein Vater, ich und der Heilige Geist haben diese Welt so schön gemacht. Wir wollen sie nicht zerstören. Es sind so viele Botschaften in meinem Namen unterwegs, die nicht von mir stammen. Ich will, dass ihr aus Liebe kommt, denn ich liebe euch.**

Wovon meine Mutter gestern (5. Sept.) **sprach, das ist mein großes Leid. Mein größtes Leid ist es, wenn ich euch euch selbst überlassen muß, wo ich euch so gerne führen würde. Doch ich lasse jedem die Freiheit, für oder gegen mich zu entscheiden, aus Liebe.“**

Jesus durch Judith: **„Ihr müsst lernen, dass ich ein liebender Gott bin. Ich bin kein strafender Gott. Ich liebe euch Menschen unendlich. Ich habe so vieles für euch getan. Ich habe für euch gelitten. Ich habe gelitten und diesen Weg gewählt, um euch zu zeigen, wie sehr ich euch liebe. Laßt dieses mein Leid und meine Liebe nicht nutzlos sein! Laßt es nicht auf kalte Herzen stoßen! Laßt mich eure Herzen entflammen mit der Liebe, für die ich eure Herzen geschaffen habe!**

Ich trage euch alle in meinem Herzen, obwohl ihr es so sehr verwundet. Ich liebe euch so sehr, obwohl ihr mich nicht liebt. Ich komme zu euch, weil ihr nicht zu mir kommt. Ich komme zu euch, um euch zu sagen: Folgt mir! Folgt mir nach, es ist der Weg zum ewigen Leben! Es ist der Weg der Liebe, den ich für euch bestimmt habe. Ich beuge niemals den Willen eines Menschen. Ich beuge ihn nicht, ich erwarte von euch, dass ihr mit Liebe kommt. Ich stehe vor euch in Liebe. Mein Herz glüht vor Liebe, die Strahlen meiner Liebe durchdringen euer Herz, wenn ihr es öffnet. Macht bitte euer Herz auf, verschließt es nicht vor mir.

Ich liebe euch, und ich möchte nicht, dass ihr verloren geht. Wir, der Vater, der Heilige Geist und ich, wir haben euch geschaffen für den

Himmel, für das ewige Leben, und haben euch die Freiheit geschenkt, selbst zu entscheiden, was ihr tun wollt, welchen Weg ihr gehen wollt und was euer ewiges Leben darstellt. Ich habe in der Heiligen Schrift so oft von der Hölle gesprochen und heute: Man liest es, aber man glaubt es nicht mehr. Es gibt eine Hölle! Es gibt eine ewige Verdammnis, aber wir, der Vater und der Heilige Geist und ich, wir wollen euch nicht da sehen. Wir wollen euch alle bei uns im Himmel haben, in der ewigen Glückseligkeit, in der ewigen Anschauung des Vaters.

Folgt meinen Geboten! Folgt der Lehre der Kirche! Lest oft in der Heiligen Schrift, es sind die Worte Gottes an euch! Es ist die Frohe Botschaft, die euer Herz mit Freude erfüllen soll. Wenn ihr dies tut, braucht ihr keine Angst zu haben vor der Hölle, denn dann wandelt ihr zum Licht. Wenn ihr zum Licht wandelt, wandelt ihr zu uns. Laßt mein Flehen nicht umsonst sein. Ich flehe euch nämlich heute an, und ich bin getrieben von meiner Liebe, von der Liebe, die in meinem Herzen wohnt, von der Liebe, die ich so gern in euer Herz aussenden möchte. Öffnet eure Herzen für die Gnaden, die bereitstehen, ernst in eurem Leben zu machen mit dem Weg der Nachfolge meines Kreuzweges. Das Leben ist ein Kreuzweg, es ist eine Brücke zum Himmel, es ist eure Bewährung. Folgt meiner Bitte, und lasst mich nicht allein. Auch nicht im Tabernakel, wo ich in der Gestalt der kleinen Hostie zugegen bin. Besucht mich oft in der Kirche, betet vor meinem Gefängnis, in dem ich aus Liebe zu euch ausharre. Ich habe gesagt: Ich bin bei euch bis zum Ende der Welt.

Liebt mich, empfangt mich mit reinem Herzen. Beichtet wieder eure Sünden. Die Sünden verwunden mein Herz. Ich vergebe jede Sünde. Die Barmherzigkeit ist so unendlich groß. Es gibt keine Sünde, die keine Vergebung finden kann.

Kommt zu mir mit eurem kindlichen Vertrauen. Nehmt die Barmherzigkeit an, die aus der Liebe meines Herzens zu euch kommt. Laßt meine Worte heute nicht umsonst gewesen sein. Es ist mein Aufruf an Deutschland, es ist mein Aufruf für die ganze Welt.

Die zehn Gebote sind das Amen des Universums. Die Liebe ist der letzte Zweck der Geschichte. Ihr habt zwei sehr schlimme Kriege erlebt. Ich habe dies zugelassen, um zu zeigen, was geschieht, wenn ihr euch euch selbst überlasst. Nicht ich wollte diese Kriege.

Heute ist die Wissenschaft in der Lage, Waffen zu bauen, die ohne weiteres die ganze schöne Erde zerstören. Doch ich lasse dies nicht zu, da ich zu viele betende Herzen vorfinde und offene Menschen. Ich lasse es nicht zu. Habt keine Angst! Ich komme als König der Barmherzigkeit und der Liebe, nicht als harter Richter. Mein Gericht besteht darin, dass ihr seht, dass ihr die Liebe zu wenig geliebt habt.

Kommt zu mir wie zu einem Freund! Kommt zu mir! Das wünsche ich. Habt keine Angst. Kommt zu mir! Ich freue mich... Ich freue mich. Ich bin immer bei euch, auch wenn ihr euch freut. Nicht nur im Leid; in beiden Situationen. Aber ich brauche beides.“

Dann ist alles weg. Es ist eine feierliche Stimmung im Härtelwald trotz vorgerückter Stunde. Hunderte Kerzen brennen an der Grotte, aufgestellt von den Pilgern. Aus der Gnadenkapelle dringt Licht und auch sonst erhellen Scheinwerfer die Erscheinungsstelle und darüber hinaus.

Die Menschen fangen wieder an zu beten und zu singen. Bei der zweiten Strophe von 'Großer Gott, wir loben dich' fällt die Seherin Marion auf die Knie und die beiden anderen jungen Frauen folgen. Marion sieht eine große majestätische Taube (Hl. Geist) und Strahlen, die sich wie ein Rad drehen: Darin erkennt sie eine Hostie.

Jetzt sagt Jesus durch Judith: **„Ich wünsche, dass diese Sonne, was Marion jetzt beschrieben hat, euer Leben erhellt und erleuchtet. Es ist meine Gegenwart in der hl. Kommunion. Es ist meine Gegenwart, so wie ich sie vorhin schon beschrieben habe. Sie leuchtet, sie strahlt, und dieses Strahlen möchte in eure Seelen eindringen. Es strahlt, um euch zu erleuchten, um euch den Weg zu weisen und um euch vom Herzen her mit Liebe zu erfüllen und euch in aller Kälte dieser Welt die Liebe Gottes zu zeigen. Schaut nach diesem Licht, also schaut nach mir. Ich bin der König des Weltalls, ich bin der König der Barmherzigkeit, ich bin der König der Liebe, und ich möchte, dass der Triumph des unbefleckten Herzens meiner Mutter in der Welt Einzug hält. Und ich möchte auch, dass gleichzeitig der Triumph, mein Triumph in der hl. Eucharistie sich vollzieht.**

Ich schicke meine Mutter kraft des Heiligen Geistes. Ich schicke sie, nicht sie sich selbst. Sie kommt kraft des Hl. Geistes. Ich tue

das nur, um euch meine Welt sichtbar zu machen. Selig sind die, die nicht sehen und doch glauben. Es ist nicht wichtig, uns jetzt zu sehen. Selig sind die, die nicht sehen und doch glauben!"

Dann spricht die Muttergottes: **„Liebe Kinder, seht ihr, wie groß unsere Liebe für euch ist? Verschmäht sie nicht! Kommt zu uns zurück! Habt keine Angst. Ihr braucht vor nichts Angst zu haben, wenn ihr unsere Hilfe anfleht. - Ich möchte nicht, dass ihr betrübt nach Hause geht. Ich möchte, dass ihr voller Glück die Liebe weitergebt, die wir euch schenken. Wir müssen ernsthafte Worte an euch richten, aber dies geschieht aus Liebe. Freut euch mit mir, dass euer Herr sich euch offenbart hat."**

Christine sieht viele Engel in goldenen Rüstungen, dazwischen die Muttergottes, und die sagt: **„Meine Kinder! Diese meine Engelschar, diese Engel sind eure Helfer im Kampf. Kämpft immer mit der Liebe, nie im Haß, nie mit dem Stolz im Herzen. Kämpft immer mit der Liebe, nur sie wird siegen. - Mit dieser Himmelsmacht braucht ihr keine Angst zu haben. Ich weiß, dass ihr es schwer habt. Aber ihr wisst, ich habe es euch schon gelehrt: ohne Leid keinen Schritt nach vorn. Aber ich bin immer bei euch, weil ich eine liebende Mutter bin. Habt also keine Angst! – An dem letzten Tag, an dem ich hier in dieser Zeit erscheinen darf, bereitet euch im Gebet vor. Versucht in dieser Zeit des Gebetes eure Liebe wachsen zu lassen, und gebt diese Liebe an eure Mitmenschen und an uns weiter. Wir lieben euch so sehr!"**

Ich bin der Meinung, dass diese wunderbare Botschaft unseres Herrn nicht nur einfach gelesen werden sollte. Sie könnte für viele Menschen eine verwandelnde Wirkung haben, die tiefer in die Liebe und zum Glauben an unseren Herrn Jesus Christus führt. Über die Botschaft könnte man täglich meditieren, Wort für Wort in sich aufnehmen und wirken lassen. Dann könnten die Worte Jesu auch das bei manchen bewirken, was Maria durch Marion am 17. Oktober sagen ließ: **„Der Glaube macht die Menschen frei, er macht sie voller Freude. Er macht sie frei. Nichts in der Welt kann sie so frei machen wie der Glaube an Jesus Christus, unseren Herrn und Gott."**

Nach meinem Bekehrungserlebnis Mitte Januar 1999 und dem Wiedereintritt in die katholische Kirche hatte ich nicht nur das große Bedürfnis, ein Muttergottes-Bild in meinem Arbeitszimmer aufzuhängen, sondern ich besorgte auch ein Kruzifix mit unserem gekreuzigten Herrn, das ich über meinem Schreibtisch anbrachte.

In einem Bericht einer begnadeten Frau (Marguerite), die jahrelang Botschaften unseres Herrn erhielt, die auch Papst Johannes Paul II. kannte und sehr schätzte, sagte Jesus, dass er jeden einzelnen Menschen liebt und dass er sich für jeden einzelnen hat kreuzigen lassen, um uns zu erlösen. Während ich am Schreibtisch arbeitete, schaute ich immer mal auf das Kruzifix und versuchte mir vorzustellen, dass Jesus auch für mich persönlich am Kreuz gelitten hat aus Liebe zu mir. Ich versuchte, dadurch ein größeres Gefühl der Dankbarkeit und Liebe zu Jesus in mir zu erzeugen . Aber meine Gefühle kamen über das Rationale nicht hinaus, das heißt, dass das Gefühl der Dankbarkeit und Liebe mehr geistiger Art blieb, ohne richtig im Herzen anzukommen.

Als ich am 7. September 1999, einen Tag nach der Botschaft Jesu Christi, die er in Marpingen gegeben hatte, zu Hause am Schreibtisch saß und arbeitete, erinnerte ich mich an die Worte Jesu, als er sagte: **„Ich trage euch alle in meinem Herzen, obwohl ihr es so sehr verwundet. Ich komme zu euch, weil ihr nicht zu mir kommt... Mein Herz glüht vor Liebe zu euch...“** So fragte auch ich mich wieder, warum ich ihn zwar geistig-rational liebe, aber eben nicht von Herzen, was eine völlig andere Qualität und Nachfolge Jesu bedeuten würde.

Als ich wie nebenbei wieder auf das Kreuz über meinem Schreibtisch schaute, erschrak ich zutiefst. Der Mund des gekreuzigten Jesus, vorher geschlossen, war in Form eines „O“ ganz weit und schmerzerfüllt aufgerissen. Der vorher friedlich am Kreuz hängende Jesus hatte sich dramatisch verändert. Das ganze Gesicht, der aufgerissene Mund, die ganze Gestalt am Kreuz hatte einen einzigen markerschütternden und schmerzerfüllten Ausdruck angenommen.

Noch heute, zehn Jahre später, schüttelt es mich, wenn ich daran denke.

Ich bin kein Dichter, der deshalb diesen Ausdruck des Schmerzes Jesu am Kreuz auch nur annähernd in Worte kleiden könnte. Aber wahrscheinlich kann man es auch gar nicht mit Worten ausdrücken welches Entsetzen, aber auch Mitleid, der Ausdruck des Gekreuzigten bei mir hinterließ.

Der später im Kino gezeigte Film „Passion Christi" des Hollywood-Stars Mel Gibson zeigte in erschütternden und zutiefst brutalen Szenen die Passion und Kreuzigung Jesu Christi.

Ich habe diesen Film auch gesehen und muß sagen, dass der schmerzerfüllte Ausdruck Jesu auf dem Kruzifix über meinem Schreibtisch intensiver, eindrücklicher und (ich möchte sagen) viel dramatischer den Schmerz Jesu in mir hinterließ, als es der Film Mel Gibsons vermochte.

Der Film erntete nicht nur Lob, sondern mindestens ebensoviel Tadel. Auch deutsche Bischöfe übten aufgrund der Brutalität der Passions- und Kreuzigungsszenen heftige Kritik.

Als man seinerzeit Papst Johannes Paul II. den Film zeigte, wurde auch er auf die brutalen Szenen angesprochen. Der Heilige Vater sagte nur: „Es war noch viel schlimmer."

Ich jedenfalls konnte an jenem 7. September 1999 den Anblick mit dem Antlitz Jesu am Kruzifix kaum ertragen. Trotzdem überwand ich mich und nahm das Kruzifix von der Wand, um das Gesicht und den weit aufgerissenen Mund aus nächster Nähe zu untersuchen. Ich konnte nicht anders, ich sank in die Knie, drückte das Kreuz an mich und betete unter Weinkrämpfen das Jesus-Gebet, das die Madonna am 21. August 1999 den Menschen als Geschenk durch die Seherin Christine gab.

An Arbeit war für mich an diesem Tag überhaupt nicht mehr zu denken. Dieser Tag sollte Jesus Christus, meinem Freund, Bruder, Erlöser und Gott gehören. Ich benützte diesen Tag und meine Ergriffenheit dazu, über mein Verhältnis zu Jesus Christus zu meditieren.

Als Christina am Abend nach Hause kam, schilderte ich ihr, was geschehen war und zeigte ihr das Kruzifix, auf dem der Mund Jesu nur noch halb geöffnet war, aber sich noch nicht im Normalzustand, das heißt im geschlossenen Zustand, befand. Erst am nächsten Tag war der Ausdruck des Gesichtes in dem (friedlichen) Zustand, wie ich es gekauft hatte.

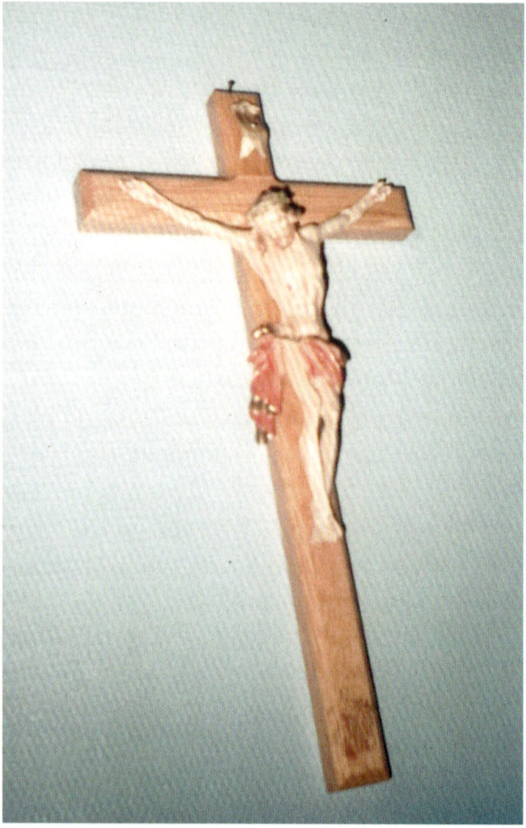

Ich kann heute nur über die damalige Erfahrung mit dem leidenden Jesus am Kruzifix sagen:

Danke, Jesus!

„Wer sucht, der findet – wer anklopft, dem wird aufgetan – wer bittet, wird bekommen!"

Ich würde sagen, das ist der einzige Unterschied zwischen Glauben und Unglauben.

Wer mit ganzem Herzen Reichtum und irdische Erfüllung sucht, kann sie finden. Wer mit ganzem Herzen Gott sucht, kann ihn ebenfalls finden. Wie sagte Edith Stein so treffend: „Wer die Wahrheit sucht, sucht Gott, ob es ihm bewusst ist oder nicht."

Die Quelle

Schon bei der ersten Erscheinung Mariens in Marpingen im Jahr 1876 segnete die Muttergottes die Quelle im Härtelwald und forderte die Menschen auf, dieses Gnadenwasser zur Heilung für Leib und Seele zu trinken. Viele Votiv-Tafeln an der Gnadenkapelle in Marpingen zeugen davon, ähnlich wie in Altötting und anderen großen Gnadenorten, dass Maria oder der Himmel auch in außergewöhnlichen Notfällen an Leib und Seele geholfen hat.

So war es kein Wunder, dass Marpingen auch das „deutsche Lourdes" genannt wurde.

1999 machte die Muttergottes ausdrücklich und in mehreren Botschaften dringend darauf aufmerksam, das Gnadenwasser in Marpingen zu benützen.

Am 1. Juni 1999: **„Meine Kinder, ich habe euch hier hochgerufen, um euch zu meiner Quelle zu bringen."** Dabei geht die Muttergottes zur Quelle und zeigt auf diese: **„Ich möchte auch euren Seelen diesen Balsam schenken, deswegen habe ich euch hier hochgerufen. Diese Quelle habe ich geschenkt, um die Kranken zu heilen, am Leib und auch an der Seele, und deswegen habe ich euch schon so oft gesagt, dass ihr Kranke herbringen sollt, weil ich gekommen bin in dieser schwierigen Zeit, um wiederum Kranke zu heilen, seelisch und auch körperlich, denn die Not der Menschen ist so unaussprechlich groß.**

Habt keine Angst, es ist meine Quelle, und sie wird nicht versiegen. Es wird genug Wasser da sein , und ihr braucht keine Angst zu haben, dass zu wenig Wasser da ist. Es wird genug Wasser da sein."

Am 18. Juli: **„Ich komme heute hier oben an die Quelle, um euch daran zu erinnern, dass diese Quelle schon vor mehr als 100 Jahren von Gott geschenkt wurde, um die Kranken zu heilen. Trinkt dieses Wasser und betet. Habt Vertrauen auf mich und meinen Sohn, denn wir werden euch helfen. Ich habe gesagt, ich will Kranke heilen, seelisch und körperlich, und das werde ich auch halten, denn was ich verspreche, halte ich.**

Ich will euch auch hier oben an der Quelle erinnern, dass es in der

heiligen Kirche eine Quelle, eine unversiegbare Quelle gibt, die heute nicht mehr genutzt wird oder nur noch selten: die Quelle des lebendigen Wassers, das aus dem Herzen Jesu geflossen ist.

Es ist zum einen seine Liebe und zum anderen die Gnaden, die er für euch am Kreuz erwirkt hat. Die Gnaden, die bereitstehen, um in eure Herzen einzudringen. Ich bitte euch heute, öffnet eure Herzen für diesen Strom der Gnade, der bereitsteht und den die Welt heute nicht mehr annehmen möchte.

Auch bin ich gekommen, um diese Quelle, diese Gnadenquelle, diesen ganzen Bereich wieder neu einzusegnen. So wie ich gekommen bin, an diesen Ort wieder zurückgekommen bin, neu den Ort belebt habe, so möchte ich auch wieder diese Quelle einsegnen.

Wir haben dieses Wasser durch Berührung und auch durch den Segen, den das Jesuskind gegeben hat, in Besitz genommen für Gott, und Gott hat mich beauftragt, dieses Wasser euch zugänglich zu machen, versehen mit den Gnadenströmen, die dann auch Heilungen bewirken können, körperlicher und auch seelischer Art. Diese Quelle ist von Gott geschenkt und euch in Erinnerung gerufen, dass dieses Wasser ein Quell des Lebens ist. Ihr müsst dieses Wasser trinken mit *VIEL EHRFURCHT,* mit *VIEL LIEBE* und vor allen Dingen mit *VIEL VERTRAUEN,* verbunden mit eurem *GEBET.* Ich wünsche so sehr, dass Kranke lernen, das Leid für Gott zu tragen und dieses Leid anzunehmen aus Liebe zu Gott. So wird es verdienstlich für die Welt, und es hilft uns beim Retten der Seelen. Die Seele ist das wichtigste.“

Während die Muttergottes die Botschaft gab, berührte sie und das Jesuskind die Wasserhähne und das herauslaufende Wasser und das Jesuskind machte Kreuzzeichen.

„Meine Kinder, ich bin heute gekommen, um, wie ich es schon getan habe, die Quelle neu einzusegnen, einzuweihen, mit meinem Sohn. Dies habe ich vorhin getan, und ich bitte euch, die Quelle gemäßigt zu benutzen. Alles Wasser, was dort fließt, ist jetzt Gnadenwasser und kann von euch getrunken werden. – Wie ich versprochen habe, wird dieses Gnadenwasser körperliche oder seelische Heilung bewirken bei den Personen, bei denen es Gott, euer Vater, wünscht.

ALLE SEELEN WERDEN JEDOCH GNADEN ERHALTEN. **Die einen werden geheilt werden, weil es im Plan des Vaters ist, und die anderen werden die *KRAFT HABEN,* dieses Leid aus Liebe zu Gott zu tragen. Sie werden immer mehr verstehen, dass die Welt heute nur durch das Leid und das Gebet zu retten ist.**

Aus diesem Grund komme ich und bitte euch auch heute wiederum um das Gebet, das ich euch gelehrt habe, nämlich den hl. Rosenkranz. Betet ihn mit viel Liebe in euren Herzen, betet ihn für die Bekehrung der Sünder, betet ihn für den Frieden in der Welt, und betet ihn auch dafür, dass die Menschen die Gnaden, die von Gott bereitstehen, um die Welt zu erretten, annehmen, dass sie ihr Herz öffnen und es groß öffnen, damit die Gnadenflut, die bereitsteht, einziehen kann."

Man musste schon schmunzeln, wenn man sah, dass während der Erscheinungen in Marpingen einzelne Pilger das Gnadenwasser aus mitgebrachten Kunststoff-Wasserflaschen literweise tranken, nach dem Motto: 'Je mehr ich trinke, desto mehr Gnaden bekomme ich.'

Die Muttergottes reagierte auf dieses Leistungstrinken, als sie die Botschaft gab, dass wir das Wasser doch mit **viel Ehrfurcht,** mit **viel Liebe,** und mit **viel Vertrauen** zu Gott und mit Gebet trinken sollen.

Viele Menschen, die das Marpinger Gnadenwasser getrunken haben und trinken, berichten von Heilungen nicht nur körperlicher, sondern auch seelischer Art. Die Muttergottes fordert uns auf, dieses von Gott geschenkte Wasser für unsere Heilung zu trinken.

Wo sind die vielen Kranken in Deutschland, die körperlich und auch seelisch krank sind?

Ich bin überzeugt davon, dass selbstverständlich auch Nicht-Katholiken Hilfe erfahren könnten, wenn sie das Marpinger Gnadenwasser im rechten Sinne benützen würden. Wir sind alle Geschöpfe Gottes, und er liebt alle Menschen.

Die Madonna sagt, dass Menschen geheilt werden, wenn es im Plan Gottes so vorgesehen ist, und dass andere die Kraft bekommen werden, dieses Leid aus Liebe zu Gott zu tragen. So sehr das Leid eines Menschen in diesem irdischen Leben auch bedauerlich ist, so kann ein Mensch darin aber auch einen gewaltigen und großartigen Sinn sehen, in dieser kurzen Erdenzeit aus Liebe zu Gott und zu dem gekreuzigten Jesus Christus und aus Solidarität, ihm dadurch zu gleichen und zu helfen, Menschen für die Ewigkeit zu retten.

Jesus aus Solidarität durch sein eigenes Leid, sei es durch Krankheit oder anderen lebensbedingten Schwierigkeiten zu helfen, ist dieser Gedanke nicht großartig? Jetzt in dieser kurzen und begrenzten Lebenszeit mit Solidarität und Liebe das Kreuz Jesu mitzutragen, ist für mich der größte, der edelste Grund des menschlichen Seins in diesem Leben.

Man könnte dies einmal verdeutlichen aufgrund eines Beispiels. Auf der einen Seite ein Zeitgenosse mit guter Gesundheit, dessen ganze Pläne im Leben gelingen, der Besitz, Wohlstand, Wohlergehen etc. anstrebt und auch erreicht, dem Gott aber nichts bedeutet. Auf der anderen Seite ein Mensch mit Leid, der es aus Liebe zu Gott und aus Solidarität zu ihm bewusst trägt. Beide werden am Ende ihres Lebens vor dem Thron Gottes erscheinen müssen, wo sich die Richtung für das Leben in Ewigkeit eines jeden entscheiden wird. Welcher von beiden wäre man dann gerne selbst?

Im Mai 2003 hatte ich plötzlich Blut im Urin. Die Diagnose im Krankenhaus lautete Blasenkrebs (T3, später T 4) im Endstadium. Die Ärzte gaben mir maximal noch sechs Monate Lebenszeit. Mein Gedanke damals war, dass ich froh gewesen bin, bekehrt zu sein und versucht habe, mein Leben - so gut es ging - nach den Geboten Gottes und der Kirche zu leben. Als ich mich damals entschloss, anstatt zu jammern und zu klagen, diese psychische und körperliche Belastung aus Liebe zu Jesus aufzuopfern, kehrte auch mein Lachen und meine Fröhlichkeit zurück. Ich war sogar getröstet, dass ich nach einem gottlosen Leben in Saus und Braus wenigstens ein winzig kleines Stück helfen dürfte, das Kreuz Jesu mitzutragen.

Nach der Krebsoperation und den anschließenden schweren Chemotherapien, die helfen sollten, meine Metastasen abzutöten, wurde ich zum Erstaunen der Ärzteschaft als geheilt entlassen. Darüber sind nun schon mehr als fünf Jahre vergangen.

Seit ich diese Botschaft gehört habe, gehe ich bewusster in...

Auch in Marpingen bittet die Muttergottes fortlaufend um das Gebet, besonders um das Rosenkranzgebet. Sie will, dass wir mit Liebe und mit dem Herzen beten für die Bekehrung der Welt und den Frieden. In einem anderen Marienerscheinungsort sagte die Muttergottes etwas für mich sehr Bewegendes, das mir persönlich klar gemacht hat, was das Gebet wirklich bedeutet.

Die Madonna sagte: **„Wenn ihr betet, so sprecht mit dem Vater, mit dem Sohn, mit der Mutter. SEID EUCH DARÜBER BEWUSST.“**

Seit ich diese Botschaft gehört habe, gehe ich bewusster, gesammelter und ehrfürchtiger in das Gebet. Aber auch für das Gebet gilt das gleiche wie für das Beispiel auf den vorigen Seiten für das Benützen des Gnadenwassers.

Wenn wir ganze Reihen von Rosenkränzen und sonstige Gebete herunterbeten nach dem Leistungsprinzip, ist es nicht so verdienstlich wie das Qualitätsgebet, das heißt, das andächtige, bewusste, das vertrauliche Gebet mit Liebe. Gebet heißt vertrauliche Kontaktaufnahme und Nähe zu Gott Vater, Gott Sohn und Gott Hl. Geist. Es ist vertraulicher Kontakt zur Muttergottes, die auch unsere wahre und um uns besorgte und liebende Mutter ist.

Wir sollen nicht plappern wie die Heiden, sagt Jesus im Evangelium. Ich habe an mir und meinem früheren Plappergebet feststellen müssen, dass es kaum Frucht brachte. Bevor ich heute die ganze Reihe der Rosenkränze runterbete, will ich lieber nur einen beten mit der Vorgabe der bestmöglichen Konzentration, bewusst mit dem Vater, dem Sohn, dem Hl. Geist und mit der Mutter reden und vertraulich mit Liebe beten.

Ein Mensch, der nicht oder kaum betet, entfernt sich auch dementsprechend (wenn auch unmerklich, unbewusst) vom Glauben selbst. Je mehr ein Mensch bewusst und mit Liebe betet und, wenn es ihm gelingt, qualitativ viel zu beten, desto intensiver wird oder ist sein Glauben, seine Zuversicht und Kraft.

Nachdem Christina und ich frisch bekehrt waren, nahmen wir oft am Rosenkranzgebet teil, das an bestimmten Tagen vor der hl. Messe und unter der Woche von der Gemeinde gebetet wurde. Diese Gebete waren ein einziges Nach-Luft-Schnappen, um der Schnelligkeit des Gebetes folgen zu können. Das war das reine Leistungsprinzip, an dessen Ende in mir eine gewisse Leere zurückblieb. Glaube ohne Gebet kann nicht funktionieren. Glaube mit intensivem Gebet bringt innerlich und auch äußerlich Frucht.

(Bezüglich des Rosenkranzgebetes bin ich auf eine DVD im Verlag Salvator mundi aufmerksam geworden, Bestell-Nr. DVD-102 und DVD-104, die die Geheimnisse des Rosenkranzes wunderbar veranschaulicht und gerade auch Kinder und Jugendliche beeindruckend in das Rosenkranzgebet einführen kann.)

Mahnung

Wir leben heute in der Zeitperiode, von der Paulus sagte (vgl. 2. Thess. 2, 3), dass vor der Wiederkunft Jesu Christi erst der große Glaubensabfall stattfinden wird.

Gerade in Deutschland und den deutschsprachigen Ländern ist der Glaubensabfall besonders ausgeprägt und das ehemals christliche Abendland schon weit ins Heidentum zurückgefallen.

So sagte die Madonna am 18. Juli 1999: **„Er liebt die Menschen so sehr, und er möchte, dass sie zurückkehren, zurückfinden zu ihm, dass sie aus Liebe leben und zu seiner Verherrlichung. *DAZU IST DIE WELT GESCHAFFEN, ZUR VERHERRLICHUNG GOTTES,* nicht zu dem, was sie heute tut, denn sie ist sehr weit von ihrem Ziel und von ihrer Aufgabe abgedriftet..."**

Ich glaube, es war in den Jahren um 1970, als die Friedensbewegung in Deutschland den Slogan prägte: „Stell dir vor, es ist Krieg, und keiner geht hin." So ähnlich könnte man auch sagen: „Stell dir vor, Gott und seine Mutter erscheinen in Deutschland, und keiner geht hin."

Zum Glück ist es aber nicht dazu gekommen. Aus dem 80-Millionen-Volk der Deutschen waren wenigstens mehrere tausend Menschen an den Erscheinungstagen erschienen, die offen waren für die Botschaften speziell für Deutschland, aber auch für die ganze Welt.

Am letzten Erscheinungstag, dem 17. Oktober, sollten laut Angaben über 40.000 Menschen der letzten Erscheinung beigewohnt haben. Zudem sind die Ereignisse von Marpingen 1999 nicht verborgen geblieben, da fast ausnahmslos alle (wichtigen)und meistgelesenen Medien in Deutschland, allen voran das Fernsehen, laufend von Marpingen (auch wenn das meiste negativ war) berichteten.

So sagte die Gottesmutter am 5. September 1999: **„Meine Kinder, ich freue mich sehr, dass ihr meinem Rufen gefolgt seid und hierher gekommen seid. Ich liebe euch alle und schließe euch in mein unbeflecktes Herz. Es soll eure Zufluchtsstätte sein und euer Trost. - Ich bin von meinem Sohn an diesen Ort geschickt worden, als letzte Mahnung für Deutschland. Bekehrt euch, meine Kinder! Bekehrt euch! Bekehrt euch!**

Die Gnaden der Bekehrung stehen vom Himmel bereit, aber ihr müsst sie annehmen. Jede Gnade der Bekehrung, die von euren Herzen abgestoßen wird, ist wie ein Pfeil, der in das Herz meines göttlichen Sohnes trifft und ihn schwer verwundet und traurig stimmt. Nehmt die Gnadenflut an, die der Himmel zu euch schicken möchte! Sie steht bereit!

Betet! Betet! Und bekehrt euch! Betet den Rosenkranz! Besucht meinen Sohn in der Kirche! Empfangt die Sakramente! Seid treu dem Papst! Beichtet! Der Widersacher ist so stark, aber am Ende wird mein unbeflecktes Herz triumphieren. Habt keine Angst, meine Kinder, es ist alles im göttlichen Plan.

Meine Kinder, ich komme heute, um von euch, die ihr hier seid, und allen meinen Kindern in Deutschland, Deutschland zu fordern. Ihr müsst beten, Buße tun, und ihr müsst mit mir zusammen Deutschland für den Himmel zurückgewinnen. Deutschland ist so weit von Gott entfernt. Es geschehen am Tag so viele Sünden. Die Sündenflut, die allein von Deutschland zum Himmel steigt, würde schon die Gerechtigkeit Gottes herabfordern.

***Meine Kinder, ich komme, um euch zu bitten, mir zu helfen.* Ihr könnt nicht verstehen, und ich glaube auch, dass ihr es nicht erah-**

nen könnt, wie groß mein Schmerz ist, sehen zu müssen, wie der Teufel in Deutschland sein Spiel gewinnt, weil ihr Menschen auf ihn hört. Ihr dürft euch nicht ihm überlassen! Ihr seid von Gott geschaffen für den Himmel, und ich erwarte von euch, dass ihr mir helft, Deutschland für den Himmel zurückzugewinnen. Ihr müsst beten, ihr müsst mir vertrauen, ihr müsst mir eure Familien, eure Gemeinden, euer Land, also ganz Deutschland, jeden Tag weihen. Die Weihe an mein unbeflecktes Herz, an das Herz, das euch in Sehnsucht erwartet, an das Herz, das für euch schlägt.

Ich bringe alle eure Anliegen, die ihr mir stellt, jeden Augenblick vor Gottes Thron.

Ich sage ihm auch meinen Schmerz, aber sein Herz ist ebenso wund wie meines, wenn er auf Deutschland blickt. Noch, meine Kinder, noch blickt er mit der Barmherzigkeit und mit der Liebe seines Herzens auf euch. Aber wenn ihr euch nicht bessert, wenn ihr nicht umkehrt, wenn ihr nicht wieder Gott liebt, euch nach den Geboten Gottes richtet, nach den Geboten der Kirche lebt, dann weiß ich nicht, ob ich den strafenden Arm Gottes aufhalten kann.

Meine Kinder, ich flehe euch heute an, ich bitte euch nicht, ich flehe euch heute an: Helft mir! Helft mir, es ist so an der Zeit! Ich habe Eile, ich habe keine Zeit mehr! Es ist so spät! Ihr müsst endlich alle aufwachen! Ihr müsst endlich! Es gibt kein Zögern mehr. Es gibt kein Aufschieben, kein Warten mehr. Ihr müsst endlich ernst machen in eurem eigenen Leben! Und so mit mir gemeinsam Deutschland retten. Meine Kinder, ich liebe euch so sehr. Ich liebe euch so sehr. Aus diesem Grund hat Jesus mich hierher geschickt. Aus diesem Grund flehe ich heute zu euch. Es ist keine Bitte mehr. Es ist ein Flehen.

Diese Worte gelten nicht nur für Deutschland. Sie gelten für die Kinder in der ganzen Welt...

Ich bin heute wieder mit den Kindern gekommen; Marion hat sie schon beschrieben (Die Seherin Marion sah die Muttergottes umringt von Kindern. Es waren Kinder von Fehlgeburten und solche von Abtreibungen.). **Ich bin gekommen, um euch wiederum aufzufordern, mir zu helfen, dass dieses Töten in eurem Land aufhört. Dieses Töten schreit zum Himmel. Es ist etwas, was Gott sehr viel Schmer-**

zen bereitet. Was das Herz Gottes mit vielen Wunden übersät. Das Herz Jesu blutet. Es blutet aus Schmerz über dieses Tun, das ihr Menschen da vornehmt. Ihr dürft nicht in den Schöpferakt Gottes eingreifen, in den Gott euch Menschen einbezogen hat! Ihr dürft es nicht tun! Betet viel, dass euer Land aufhört, die vielen Kinder zu töten. Die Kinder sind zwar bei uns im Himmel, aber die Menschen, die das tun, die sind in Gefahr, auf ewig verloren zu gehen.

Diese Wunde des Herzens Jesu ist so groß. Ihr könnt es nicht wissen, ihr könnt es nicht erahnen. Darum komme ich, um es euch zu sagen. Ich sage es euch heute und – wie ich schon sagte – ich fordere euch auf, mit diesem Tun aufzuhören. Denn ich weiß nicht, wie lange die Barmherzigkeit Gottes und die Liebe Gottes noch warten, bevor das Strafgericht auf euch herabkommt. Gott kann dieses Tun nicht anders als bestrafen, wenn ihr nicht aufhört, diese Sünde vor Gott zu tun..."

Zustand des Glaubens und der Kirche

Wie sagte die Muttergottes noch?: **„Die Welt ist dazu geschaffen, um Gott zu verherrlichen, und nicht zu dem, was sie heute tut. Sie ist sehr weit von ihrem wahren Ziel und von ihrer Aufgabe abgedriftet."**- So eine der Mahnungen Mariens in Marpingen.

Der Mensch bleibt der Mensch. Im Christentum wiederholen sich die Fehler wie im Alten Bund des Volkes Israel. Nachdem Moses die Hebräer aus der Sklaverei Ägyptens herausgeführt hatte, bedurfte es nicht viel, und sie schufen sich ein goldenes Kalb, das sie anstatt Gott anbeteten. So bedurfte es auch nur wenige Jahre des Wohlstandes und des Friedens nach den fürchterlichen zwei Weltkriegen, um die Kirchen zu entleeren und die Menschen zu verführen, anderen Götzen nachzulaufen.

Der wahre Glaubensabfall heutzutage lässt sich nicht unbedingt an der Zahl der Kirchenmitglieder messen und an denen, die noch Kirchensteuer zahlen. Ein genaueres Bild über den wahren Zustand des Glaubens und der Kirche kann an anderen Statistiken besser abgelesen werden.

In einem Bericht über die Zahl der Gottesdienstbesucher der Diözese Speyer besagte eine veröffentlichte Statistik, die im Jahr 2007 erschien, dass im Jahr 1968 noch 53, 5 Prozent Gottesdienstbesucher registriert wurden. Im Jahr 2007 waren es gerade noch 12, 2 Prozent. Das ist ein Rückgang von sage und schreibe 41, 3 Prozent in einem Zeitraum von etwa 40 Jahren.

Wenn man sich den hohen Altersdurchschnitt der Gottesdienstbesucher anschaut, kann man in etwa erahnen (wenn es weiterhin Frieden und Wohlstand gibt), wo wir in 10 oder gar 20 bis 30 Jahren bezüglich der Gottesdienstbesucher stehen würden. Die vordergründigen Reformforderungen gewisser Leute, die in den Medien unaufhörlich die Abschaffung des Zölibats der katholischen Priester oder die Frauen-Ordination fordern, um den Priestermangel auszugleichen, entpuppen sich als eine Farce. Wir haben im Grunde genommen, wenn man es tiefer betrachtet, keinen Priestermangel, sondern einen Mangel an aktiven Gläubigen, die ihren Glauben überzeugt praktizieren und ihn an die nächste Generation lebendig weitergeben und vorleben.

Aus dieser Substanz gläubiger, überzeugter und praktizierender Christen würden sich von selbst wieder mehr Priesterberufungen rekrutieren. Außerdem gibt es den Zölibat bei den evangelisch-protestantischen Kirchengemeinschaften schon seit etwa 500 Jahren nicht mehr. Und auch Frauen können dort als Pfarrerinnen oder im Bischöflichen Amt fungieren. Trotzdem ist in diesen Glaubensgemeinschaften die Situation, was Gottesdienstbesucher und Kirchenaustritte angeht, noch dramatischer als in der katholischen Kirche ausgeprägt.

Botschaft der Madonna am 5. September 1999: **„und lebt nach den Geboten Gottes! Es ist die Richtschnur und der Weg zum Himmel. Es ist das Fundament eures Glaubens, und dieses Fundament müsst ihr alle wiederfinden... alle. Darum bin ich gekommen, um euch diese Dinge in Erinnerung zu rufen. Alle Grundwahrheiten des Glaubens, die man früher kannte und die heute so in Vergessenheit geraten sind. Lebt es wieder, lebt den Glauben, lebt die Gebote Gottes, und tut, was Gott von euch erwartet. Ich liebe euch, meine Kinder...“**

Die Zahl der Gottesdienstbesucher ist nicht nur in der Diözese Speyer dramatisch rückläufig, sondern in allen deutschen Diözesen. Aber auch die Zahl derjenigen, die noch in die Kirche gehen, ist es wert, kritischer untersucht zu werden.

Wenn man die Zahl der Gottesdienstbesucher unterteilt in jene, die noch regelmäßig das Bußsakrament (Ohrenbeichte) in Anspruch nehmen, das tägliche Gebet (auch Rosenkranzgebet) pflegen, die regelmäßig die hl. Eucharistie empfangen und die Glaubenswahrheiten - die Gottes- und Kirchengebote - kennen und sich danach richten, dann kommen wir zu einem minimalen Prozentsatz von Gläubigen, die ihren Glauben wahrhaftig praktizieren.

Die Muttergottes sagt, dass viele das Fundament des Glaubens verloren haben und dass die Grundwahrheiten des Glaubens, die man früher kannte, in Vergessenheit geraten sind und wieder gelebt werden sollen.

Es ist schon erstaunlich, wenn man in der Praxis erlebt, dass viele sogar das notwendigste Einmaleins des Glaubens, der Gottes- und der Kirchengebote und auch die Glaubenswahrheiten nicht mehr kennen. Ich möchte hier nur einige wenige Beispiele nennen.

Der katholische Katechismus, das Glaubensbuch der Kirche, besagt, dass wenigstens einmal im Jahr das Bußsakrament empfangen werden soll. Bei einer schweren Sünde (Todsünde) sollte man sofort beichten, da bei einer schweren Sünde der Empfang der hl. Eucharistie nicht möglich ist. Es könnte sonst das eintreten, von dem Paulus sagt: „Wer das Brot isst, prüfe sich, damit er sich nicht das Gericht esse" (1. Kor. 11, 27 – 29).

Eine dieser schweren Sünden ist das unentschuldigte Fernbleiben vom Sonntags-Gottesdienst oder von der hl. Messe an kirchlichen Feiertagen. Das Bußsakrament jedoch wird, wie in unserer Gemeinde üblich, bis auf einige wenige (es sind immer die gleichen fünf bis sieben Personen) kaum in Anspruch genommen. Gleichzeitig aber empfangen etwa 95 Prozent der Kirchenbesucher die hl. Eucharistie in den Sonntags-Gottesdiensten. (In anderen Gemeinden sieht es genauso aus.) Ich kenne Personen, die entweder seit über 30 Jahren nicht mehr gebeichtet haben oder andere, die keinen Beichtstuhl mehr sahen seit ihrer ersten hl. Kommunion und trotzdem immer schön die hl. Eucharistie empfangen. Sind diese Leute sündenfrei?

In unserer Gemeinde sieht man selten einen der Kirchengemeinderäte im Sonntags-Gottesdienst, wenn dann mal einer (eine) kommt, gehen sie selbstverständlich zum Empfang der hl. Eucharistie. Selbst den/ die Kommunionhelfer (-in) sieht man meistens nur dann in der Kirche, wenn er/ sie Dienst hat, das heißt, wenn sie eingeteilt sind, die Kommunion auszuteilen. Wieviele kommen unentschuldigt nur unregelmäßig zum Sonntags-Gottesdienst und gehen somit mit einer schweren Sünde zur Kommunion? Von den U-Boot-Christen wie ich einer war, bis mich die Not läuterte, die alle Schaltjahre in die Kirche gehen oder den obligatorischen Heilig-Abend besuchen und dann noch kommunizieren, ganz zu schweigen.

Das sind nur wenige Beispiele, die beliebig fortgesetzt werden könnten. Wenn das Magazin „Der Spiegel" recht hat, dass 88 Prozent der Katholiken in Deutschland das gemeinsame Abendmahl (Katholiken empfangen nicht das Abendmahl, sondern die hl. Eucharistie) mit den evangelischen Christen befürworten, so ist das ein alarmierendes Zeichen dafür, dass anscheinend die überwältigende Mehrheit der Katholiken in Deutschland den fundamentalen, existentiellen Unterschied zwischen dem evangelischen Abendmahl und der katholischen hl. Eucharistie nicht mehr kennen.

Auf die Unterschiede zwischen Abendmahl und hl. Eucharistie wurde ja schon auf den vorderen Seiten des Buches hingewiesen.

Statt eine Ökumene voranzutreiben, die an Glaubenswahrheiten nicht interessiert ist, sollten sich viele deutsche Bischöfe und Hirten darauf konzentrieren, ihren eigenen Schafen das Fundament des Glaubens und der katholischen Glaubenswahrheiten näherzubringen. Wie soll eine wahre Ökumene mit den evangelisch-protestantischen Glaubensgemeinschaften gelingen, wenn große Teile der Katholiken ihre eigenen Glaubenswahrheiten nicht mehr kennen?

Besser wäre es, wenn die Hirten der Kirche, die Bischöfe, sich an das halten würden, was Gott dem Engel der Gemeinde von Sardes mitteilen ließ: **„Dem Namen nach lebst du, aber du bist tot. Werde wach und stärke, was noch übrig ist, was schon im Sterben lag. Ich habe gefunden, dass deine Taten in den Augen meines Gottes nicht vollwertig sind. Denk also daran, wie du die Lehre empfangen und gehört hast. Halte daran fest und kehr um! Wenn du aber nicht auf-**

wachst, werde ich kommen wie ein Dieb und du wirst bestimmt nicht wissen, zu welcher Stunde ich komme...“ (Offb. 3, 1 – 3).

In einem Radio-Interview der Sendung „Dialogo de Fe“ antwortete der peruanische Kardinal Juan Luis Capriani auf die Frage, warum der Glaubenszustand in der Kirche immer schwächer wird ? : **„Hauptfeind der Kirche ist der ängstliche Priester, dem das Feuer fehlt. Nicht die Gottesleugner seien für die Kirche gefährlich, sondern jene Priester, die Angst haben, die Wahrheit zu verkünden. In einer Welt, die sich aggressiv gegenüber dem katholischen Glauben verhalte, sei es klar, dass es eine gewisse Spannung gäbe, aber es kann nicht sein, dass diese Spannung dadurch beendet wird, dass die Kirche den Mund hält. Die Kirche darf nicht schweigen“**, forderte der Kardinal.

Dies soll keine Hetze oder Denunzierung der katholischen Oberhirten und Priester sein und man kann auch nicht verallgemeinern. Es gibt schon noch mutige Priester, Bischöfe und Kardinäle in der katholischen Kirche. Wir sollen sie auch nicht kritisieren, sondern für sie beten, wie die Muttergottes uns beständig ans Herz legt, auch in ihren Botschaften in Marpingen.

Die Aufforderung, zu beichten und die Gebote Gottes und der Kirche einzuhalten, sind mit die größten Anliegen Mariens und unseres Herrn in Marpingen, die sie in folgenden Botschaften zum Ausdruck bringen: Die hl. Jungfrau Maria – 13. Juni 1999: **„Er möchte, dass die Welt sich bekehrt, dass sie wieder zurückkehrt zu den Sakramenten, vor allen Dingen zur hl. Beichte. In der hl. Beichte fließt das Blut meines göttlichen Sohnes über eure Seelen und wäscht sie reiner... weißer als Schnee. Darum lernt dieses Sakrament sehr zu lieben, denn es ist das größte Geschenk der Barmherzigkeit Gottes, das er euch schenken konnte, und bedenkt immer, dass Jesus, mein Sohn, dafür, also für euch, gestorben ist.“**

Am 20. Juni 1999: **„Meine Kinder, die Sündenflut, die von der Erde zum Himmel steigt, ist nicht mehr annehmbar. Es ist die größte Beleidigung Gottes, die geschehen kann, dass die Menschen seine Barmherzigkeit nicht in Anspruch nehmen. Seine Barmherzigkeit fließt im Sakrament der hl. Beichte und steht für alle Menschen bereit. Doch es schmerzt den Herrn sehr, dass ihr dieses Geschenk nicht annehmt. Es ist das Geschenk seiner Liebe, das er euch durch seinen Tod am Kreuz verdient hat.**

Ach, ihr Menschen, wenn ihr doch sehen könntet, wie wund sein Herz ist, weil ihr dieses Geschenk nicht annehmen wollt. Es macht auch mein Herz sehr traurig, und es drückt mir die Dornen, die um mein Herz sind, die die Menschen heute um mein Herz legen, tiefer hinein. Es schmerzt mein Herz, o Kinder, und ich sage es euch heute ganz deutlich: Kehrt zurück zum Herrn. Betet den Rosenkranz, betet für die Bekehrung der Sünder.

Es ist so notwendig, dass ihr betet, denn der Widersacher Gottes versucht, die Menschen alle ins Verderben zu stürzen. O, ihr Menschen, wenn ihr das doch bedenken würdet! Seht meinen Schmerz! Mein Herz ist so wund, und ich komme heute, um euch diesen meinen Schmerz zu offenbaren, damit ihr, wenigstens ihr, die ich heute hierher gerufen habe, beginnt, die Barmherzigkeit Gottes zu lieben, und damit das Sakrament der hl. Beichte. Es ist mein Wunsch, und ich bitte euch von ganzem Herzen.“

Folgt dem Papst, dem obersten Hirten der Kirche...

Auf den vorigen Seiten wurde schon darüber geschrieben, dass Deutschland der Motor für die erste Kirchenspaltung durch die Reformation im 16. Jahrhundert war und Deutschland wiederum, auch begünstigt durch die besondere Situation, dass etwa 26 Millionen Katholiken mit zirka 25 Millionen protestantischen Christen gemeinsam in einem Land zusammenleben, der Motor für die letzte große Abspaltung der meisten Katholiken von Rom, Papst und Lehramt sein wird.

Die wahre und einzige Kirche jedoch, die Jesus gegründet hat, ist auf Petrus und seine Nachfolger im Amt, die Päpste, gebaut, so wie es das Evangelium sagt (Mt. 16, 18 – 19): „Du bist Petrus, und auf diesen Felsen werde ich meine Kirche bauen, und die Mächte der Unterwelt werden sie nicht überwältigen...“

Die kirchliche Freimaurerei benützt eine **falsche Ökumene,** die die auf Petrus gegründete Kirche, die römisch-katholische Kirche, zerstören will durch den Zusammenschluss aller christlichen Konfessionen, darunter auch der katholischen Kirche. Diese angestrebte ökumenische Kirche jedoch ist ein falscher Christus und eine falsche Kirche. Es ist das Standbild des Antichrist. Diese falsche Kirche, die von der freimaurerischen Ökumene vorangetrieben wird, versucht durch Papstkritik, Kritik an der angeblich mittelalterlichen und unzeitgemäßen Lehre des röm.-katholischen Lehramtes Katholiken von Rom abzuspalten. Sie benützen dazu die Maske der Menschenfreundlichkeit, der Einheit der Christen, des Friedens und der Liebe, um die Menschen in ihre neue, falsche Kirche zu bringen.

So wie Jesus der Weg, die Wahrheit und das Leben ist, so ist auch sein mystischer Leib, die römisch-katholische Kirche mit dem Papst, dem Nachfolger Petri an der Spitze, ebenfalls der Weg, die Wahrheit und das Leben, trotz mancher verirrten Mitglieder der Kirche in Vergangenheit und Gegenwart.

Die Kirche ist heilig in ihrem Gründer und in ihren vielen Heiligen, aber nicht jedes ihrer Mitglieder war heilig, das wissen wir. Jeder Mensch, ob Laie, Priester, Bischof, Kardinal oder auch Papst, steht in der Bewährung seines Lebens und vor Gott.

Man kann die Schlagwörter und oberflächlichen Kommentare von Kirchenfeinden und Kritikern fast nicht mehr hören, wenn beispielsweise gesagt wird, dass wir heute in einer anderen Welt und Zeit leben und die Kirche dringend ihr Denken ändern sollte, um noch eine Daseinsberechtigung zu haben.

Die Welt ist die gleiche, die Jesus Christus vor etwa 2000 Jahren betreten hat, aber die Zeit ist eine Unzeit, ein Ungeist geworden, verführt durch unendlich viele Irrlehren und Irrlehrer und falsche Propheten im Laufe unserer Geschichte, was Jesus auch vorausgesagt hat. Die römisch-katholische Kirche ist das Reich Gottes auf Erden, in ihr sind alle Heilmittel und die sieben Sakramente für die Menschheit bereitgestellt.

Wie Jesus der Eckstein war, den die Bauleute verworfen haben, so wird auch sein mystischer Leib, der ebenfalls der Eckstein in der 2000jährigen Menschheitsgeschichte ist, angegriffen und verworfen. Es wäre nicht normal, wenn die Welt, die verführte und verirrte Welt, diese Wahrheit, die die Kirche ist, nicht angreifen würde.

Wenn ich den Katholiken einen lateinischen Satz empfehlen dürfte, den sie kennen sollten, würde ich diesen empfehlen: **„Cum Petro per Mariam ad Jesum“**, übersetzt lautet der Satz: „Mit Petrus, mit dem Papst durch Maria zu Jesus.“

In diesem Sinne gab die Muttergottes in Marpingen auch dringende Botschaften:

8. August 1999: **„Ich fordere euch heute auf, meinen Papst zu lieben und ihm zu folgen. Betet für ihn und betet mit ihm. Es ist mein Papst, und ich wünsche, dass ihr ihm nachfolgt und ihm gehorcht. Verhöhnt ihn nicht und zweifelt nicht seine Entscheidungen an. Er steht im Dienst des Himmels und handelt so, wie wir es wünschen.**

Ich bin noch mal gekommen, um euch noch weiter zu lehren, meinen ersten vielgeliebten Sohn, meinen Papst, den ich von ganzem Herzen liebe und der sich mir mit ganzem Herzen geweiht und übergeben hat, euch zu zeigen, wie ihr ihm begegnen sollt. Ihr müsst auf seine Worte hören. Die Worte, die er euch sagt, sagt er in unserem Auftrag. Er trägt heute ein sehr schweres Kreuz, weil die Welt so weit von Gott entfernt ist. Dieses Kreuz trägt er. Wenn man ihn richtig anschaut, sieht man es. Er trägt es aus Liebe zu mir und meinem göttlichen Sohn. Er trägt es für die Rettung der Seelen und für die Heimkehr der Welt zu Gott.

Die Liebe, die er ausstrahlt, das ist meine Liebe und die Liebe meines göttlichen Sohnes. Er ist mein Werkzeug, und er ist fügsam. Auch ihr, meine Kinder, müsst fügsam sein, ihr müsst dem Papst treu sein, ihr müsst ihn lieben, und ihr müsst ihm gehorchen. Ich weiß, dass es in eurer Zeit heute schwer ist, seinen Worten zu gehorchen, weil es euch sehr schwer gemacht wird, die wahren Worte, die der Papst gesagt hat, zu hören, weil man sie verdreht, weil man sie unrichtig weitergibt und weil man die Kirche damit in die Irre führt.

Hört also auf den Papst. Er ist das Licht in eurer Zeit, das Gott euch auf meine Fürsprache hin geschenkt hat. Schaut auf dieses Licht, es steht auf dem Berg. Er ist die Spitze der Kirche, in der Hierarchie der Oberste, er vertritt Gott, er ist Petrus, und auf diesen Felsen hat Jesus die Kirche gegründet. Alles ohne diesen Petrus, ohne diesen Papst, ist nicht mehr Kirche, jedenfalls nicht die, die Jesus

gegründet hat. Denn Jesus hat die Kirche auf den Papst, auf Petrus, auf den Fels, gegründet. Habt Mut und vertraut ihm!"

Jesus selbst gibt am letzten Erscheinungstag, am 17. Oktober, die Botschaft: **„Liebt mich!**

Liebt den Vater, liebt den Heiligen Geist! Verehrt ihn, denn er ist dazu bestimmt, euch den Weg zu weisen in dieser verworrenen Zeit, mir und meiner Kirche treu zu bleiben. Ihr müsst wachsam sein. Ihr müsst mit offenen Herzen und mit kindlicher Liebe mich anbeten. Wer mich liebt und mich anbetet und wer meinem Stellvertreter auf dieser Welt gehorsam ist, wird immer ein Glied meiner Kirche sein. Diese Kirche habe ich gegründet, um euch und allen Menschen die Möglichkeit zu schenken, mit meinen Gnaden, die ich euch vom Kreuz verdient habe, gerettet zu werden..."

In einer Botschaft an die niederländische Seherin Ida Peerdeman (16. Nov. 1950), der Maria jahrelang Botschaften unter dem Titel „Frau aller Völker" gab, die inzwischen weltweit verbreitet und von der katholischen Kirche anerkannt sind, sagte Maria: ***„Die anderen sind eifrig am Werk, um Deutschland von Rom wegzuziehen."***

Die Muttergottes sagt in Marpingen und nicht ohne Grund in Deutschland: ***„Alles ohne diesen Petrus, ohne diesen Papst, ist nicht mehr Kirche, jedenfalls nicht die, die Jesus gegründet hat. Denn Jesus hat die Kirche auf den Papst, auf Petrus, auf den Fels, gegründet..."*** Und in einer anderen Botschaft (nicht in Marpingen gesprochen) sagt die hl. Jungfrau: **„Mitten in der vielfachen Auflehnung gegen das päpstliche Lehr- und Hirtenamt"** sollen wir **„dem Heiligen Vater die Treue halten – vereint mit den ihm verbundenen Kardinälen, Bischöfen und Priestern."** Schauen wir uns an, welche Kardinäle, Bischöfe und Priester mit dem Papst, aber nicht nur den Worten nach, sondern auch in der Überzeugung und Tat, mit dem Felsen der Kirche wirklich verbunden sind.

Die Ökumene in Deutschland ist sehr aktiv. Die Katholikentage, die in Deutschland alle zwei Jahre in einer anderen Diözese stattfinden, werden nicht von der katholischen Kirche, das heißt, nicht von Rom veranstaltet. Ausrichter ist die Laienorganisation des Zentralkomitees der deutschen Katholiken (ZdK) zusammen mit dem in der jeweiligen Diözese amtierenden Bischof.

Das Wirken des Zentralkomitees der deutschen Katholiken und anderer Laienbewegungen wie „Wir sind Kirche“ oder „Kirche von unten“ zielt darauf ab, um es auf den kurzen Nenner zu bringen, die Katholiken Deutschlands von Rom, Papst und Lehramt abzuspalten. Auf den vom ZdK organisierten Katholikentagen werden Leute wie der Apostat Eugen Drewermann (der inzwischen aus der katholischen Kirche ausgetreten ist), der Kirchenkritiker und vom Lehramt suspendierte Professor Hans Küng oder der ebenfalls vom Amt suspendierte Bischof Gaillot als Lichtgestalten präsentiert und gefeiert.

Der erste Ökumenische Kirchentag 2003 in Berlin, ebenfalls vom ZdK (und vom DEKT – Deutscher Evangelischer Kirchentag) organisiert, brachte mehr einen Desorientierungsschub und die Verwässerung der Glaubenswahrheiten als die Suche nach einer wahren Ökumene. Lichtgestalt des 1. ÖKT in Berlin war – man glaubt es kaum – der Dalei Lama. Man kann gespannt sein, was auf dem zweiten Ökumenischen Kirchentag geschieht, der 2010 in München stattfindet und schon von protestantischen und manchen katholischen Bischöfen und auch manchem Kardinal euphorisch und hoffnungsvoll erwartet wird.

Diese Laien-Ökumene des ZdK (und anderer Laienbewegungen) bezweckt die Zusammenführung aller christlicher Konfessionen, der leider auch die meisten Katholiken, abgespalten von Rom, folgen werden. Aber dieser ökumenische Zusammenschluß gegen Rom wird genau dieser falsche Christus und diese falsche Kirche sein, vor der die Muttergottes warnt. Es ist das in der Offenbarung beschriebene Standbild des Antichrist.

Wenn diese falsche Kirche offiziell etabliert sein wird, so sagt die Muttergottes, wird die Tür für die Person des Antichrist (den Sohn des Verderbens, wie Paulus ihn nennt) geöffnet sein.

Der alttestamentliche Prophet Daniel bekam, ähnlich wie Johannes in seiner Apokalypse, Schauungen und Visionen vom Ende der Zeit vor der Wiederkunft Jesu, so sagte der Engel zu ihm: **„Siehe, ich kündige dir an, was in der letzten Zeit, der Zeit des Zorns, geschehen wird; denn die Vision bezieht sich auf die Zeit des Endes...“** (Dan. 8, 19).

„Er (Anm.: Antichrist) **verführt mit seinen glatten Worten die Menschen dazu, vom Bund abzufallen...“** (Dan. 11, 32). **„Nun wendet er**

seine Wut gegen den Heiligen Bund (Anm.: röm.-kath. Kirche) **und handelt entsprechend. Dann kehrt er heim und erkennt jene an, die den Heiligen Bund verlassen...“** (Dan. 11, 30).

All das geschieht in der deutschen Ökumene und wird Vorreiter und Vorbild sein für die übrige Welt, wie es in der Reformation des 16. Jahrhunderts der Fall war, als Hunderte neue von Rom abgespaltene protestantische Glaubensgemeinschaften entstanden sind.

In der kleinen Eifelgemeinde Sievernich im Bistum Aachen erschien die Madonna in den Jahren 2000 bis 2005 der Seherin Manuela Strack (die auch Zielscheibe der Medien in Deutschland wurde).

Einige der Botschaften Mariens lauteten, 06. 11. 2000: **„Seht, die Finsternis plant eine Weltreligion, die der göttlichen Wahrheit fern ist. Alles soll vereinheitlicht werden unter der Voraussicht, Einigkeit und Frieden auf der Erde zu finden, wenn es keine Unterschiede mehr gibt unter den verschiedenen Religionen. Doch diese ist nur eine Scheinreligion, die die Menschen lenkbar machen soll. Ist dieser Zeitpunkt auf der Erde erreicht, so wird es gewaltige Umbrüche geben. Besonders Europa wird davon betroffen sein, und dies ist auch der Grund für mein Kommen. Seht, wie oft bin ich in Europa schon erschienen!**

Doch all diese Ereignisse sollen euch nicht ängstigen, denn diese müssen geschehen, damit mein göttlicher Sohn Jesus Christus zu euch kommen kann und ihr ihn erkennt und empfangt, wie es einem König gebührt.

Meine Kinder, ich gehe meinem Sohn voraus. Seid gesegnet.“

Am 04. 12. 2000: **„Schaut auf meinen lieben Sohn. Seine Kirche ist in Gefahr. Die Schafe folgen nicht mehr ihrem Hirten** (Anm.: Papst), **der sie schützt und liebt, sie folgen dem Wolf im Schafspelz. Meine Priester, was könnt ihr tun? Folgt nicht dem Wolf, bleibt meinem Hirten treu...“**

06. 08. 2001: ***„... Die Situation, in der sich die Kirche befindet, ist nicht gut,*** **sie bedarf der Reinigung. Doch, liebe Kinder, die Kirche ist der Leib meines geliebten Sohnes. Er ist ganz in ihr und wird sie nicht vergehen lassen. Darum, Kinder, habt Mut und stärkt die Kirche, in der der Vater ist, in der der Sohn ist, in der ich bin. Nur**

der Sohn, mein geliebter Sohn Jesus Christus, kann euch heil machen an Leib und Seele. Schadet der Kirche nicht, stärkt sie, Kinder! Dies ist mein Aufruf an euch. Durch die Kirche werdet ihr heil, mein Sohn ist ganz in ihr. Denkt stets daran. Was auch auf die Kirche zukommen mag, steht treu zu ihr, so will es der Vater, der Sohn und ich, denn ich bin eure Mutter...“

11. 06. 2001: **„... Es geschehen so große Veränderungen und alles scheint fragwürdig zu werden. Mein geliebter Hirte in Rom führt die Kirche in der Ordnung. Doch seht, die Finsternis wird Rom sehr bedrängen, selbst die Frommen!...“**

03. 12. 2001: **„... Die Kirche wird durch die Welt erschüttert, doch ich lasse es nicht zu, dass sie vergehen wird. Die Kirche bleibt beständig, so wie mein geliebter Sohn der Ewige, der Beständige im Vater ist. Die Kirche wird im Vater strahlen, denn sie wird von ihm geschützt, da der Vater in ihr lebt, so wie Jesus, mein geliebter Sohn, so wie ich in ihr lebe. Alles Heil kommt aus ihr, jede Gnade wird aus ihr hervorgehen, da die Kirche vom Vater, vom Sohn und von mir, eurer Mutter beschenkt wird...“**

05. 02. 2001: **„Betet, meine Kinder, betet für die Kirche. Betet für die Hirten. Betet für Deutschland.“**

07. 05. 2001: **„... Es wird einen sehr großen Glaubensabfall geben. Dies, liebe Kinder, ist erst der Beginn...“**

15. 10. 2001: **„... Der Wille des himmlischen Vaters ist, dass ich euch in dieser Drangsal und Verwirrung zu Hilfe komme...“**

06. 08. 2001: **„... Betet, damit ihr den Weg nicht verlasst, denn die Finsternis ist in der Welt. Doch ich werde euch durch diese Finsternis führen und es wird euch kein Schaden zugefügt werden. Ich bin bei euch.“**

Oberstes Ziel dieser falschen Ökumene ist die Beseitigung des täglichen Messopfers und der hl. Eucharistie der röm.-katholischen Kirche.

Das tägliche Messopfer und die hl. Eucharistie, in der Jesus in dem konsekrierten bzw. verwandelten Brot durch den in apostolischer Weihekette stehenden katholischen Priester wahrhaftig gegenwärtig ist, wurde schon von M. Luther und Kollegen in der Reformation beseitigt. An ihre Stelle setzten sie das Abendmahl, das aber nach der katholischen Kirche nicht der Leib und das Blut Jesu Christi ist. Über diese Wesensverschiedenheit wurde ja schon auf den vorigen Seiten hingewiesen.

Der Anfang für die Aufhebung des täglichen Messopfers und der hl. Eucharistie ist längst schon gemacht durch die vielen Interkommunionen in den deutschen katholischen Gemeinden. Zudem erlebt man unaufhörlich die Forderungen der Ökumene durch protestantische Bischöfe und Bischöfinnen, aber auch von katholischer Seite wird das gemeinsame Abendmahl gefordert. Möglich wurden diese unverhohlenen Forderungen des gemeinsamen Abendmahles durch die mangelnde Kenntnis der Katholiken über die fundamentale – existentielle Unterschiedlichkeit zwischen Abendmahl und hl. Eucharistie und die mangelnde Kenntnis ihrer Glaubenswahrheiten.

Der ehemalige Generalsekretär des Zentralkomitees der deutschen Katholiken bekräftigte bereits am 60. Evangelischen Kirchentag am 22. 05. 2009 vor laufender TV-Kamera, dass das gemeinsame Abendmahl das Ziel des ZdK sei.

Vor diesem gemeinsamen Abendmahl müssen die Katholiken jedoch sehr gewarnt werden.

Es ist das schon von Martin Luther und Kollegen vor fast 500 Jahren abgeschaffte tägliche hl. Messopfer, das der Antichrist bei seinem Erscheinen dann anerkennen wird, während er das tägliche Opfer der katholischen Kirche weltweit unter blutigster Verfolgung abschaffen wird. Die kleine Herde oder „die übrigen Nachkommen der Frau“, d.h. Mariens, „die den Geboten Gottes (noch) gehorchen und an dem Zeugnis für Jesus festhalten“, wie die Offenbarung (12, 17) voraussagt und die der römisch-katholischen Kirche treu bleiben, werden dann das tägliche Messopfer und den Empfang der hl. Eucharistie nur im geheimen feiern können, wie die Urchristen am Anfang der Kirche. Denn dann wird weltweit nur das Standbild des Tieres angebetet werden.

Dann werden die Visionen der großen ökumenischen Forderungen nach dem gemeinsamen Abendmahl weltweit in Erfüllung gehen. Aber dann hätten ja die Mächte der Hölle die auf Petrus gegründete Kirche überwältigt. Dem ist nicht so, denn die kleine Herde (es werden viele Millionen sein) wird übrig bleiben und die in der Heiligen Schrift angekündigte antichristliche Weltherrschaft von etwa 42 Monaten wird durch die Ankunft Jesu Christi beendet sein und damit auch die Abschaffung des täglichen Messopfers (Dan. 1290 Tage) in der Kirche Jesu Christi, die, nachdem sie gereinigt wurde, in großem Glanz auferstehen wird, wie der Herr selbst.

Rom wird den Glauben verlieren und Sitz des Antichrist werden, sagte die hl. Jungfrau in La Salette voraus. Das heißt, wie schon gesagt, nichts anderes, dass die Bischöfe in der Mehrzahl der katholischen Kirche weltweit dem Papst die Gefolgschaft verweigern und der neuen ökumenischen Kirche des Antichrist folgen werden.

In dieser Richtung hat die Seherin von Sievernich am 05. 03. 2001 auch eine Schauung des Himmels bekommen. Manuela sah, wie aus der Wolke, auf der die Muttergottes stand, nun eine Erdkugel geworden war. Der Stiefel Italiens rückte näher. Manuela: **„Dann sah ich einen Versammlungsraum, wo viele Kardinäle saßen, die diskutierten. In der Diskussion ging es um die Vereinheitlichung der Messfeier ohne Eucharistie. Es soll nur noch ein Brot gebrochen werden, gemeinsam mit der Gemeinde, da viele nicht an die Eucharistie glauben.“**

Leider ist eine sehr große Anzahl von Katholiken völlig ahnungslos, in welcher Zeitepoche die Menschheit und Kirche heute steht. Ich habe einen kleinen Test durchgeführt, indem ich eine größere Anzahl von Katholiken (Gläubige, die regelmäßig die Kirche besuchen) gefragt habe, ob sie sich vorstellen können, dass es einmal die Situation geben könnte, wo das heilige Messopfer und die hl. Eucharistie abgeschafft und verboten sein wird? Die Reaktionen waren fast immer die gleichen, ungläubiges Kopfschütteln und absolute Ablehnung einer solchen Möglichkeit.

Dass das tägliche Messopfer letztendlich von dem kommenden Sohn des Verderbens weltweit abgeschafft wird, ist jedoch biblisch eindeutig belegt, wenn Jesus im Matthäus-Evangelium warnt: **„Wenn ihr dann am heiligen Ort den unheilvollen Gräuel stehen seht, der durch den Propheten Daniel vorhergesagt worden ist – der Leser begreife –“** (Mt. 24, 15).

Der Prophet Daniel, auf den Jesus verweist, berichtet, dass am Ende der Zeit (Dan. 9, 27; 11, 31) ein verächtlicher und mächtiger König (Antichrist) kommen, das tägliche (Mess-) Opfer abschaffen, Heiligtum (heiliges Altarsakrament – hl. Eucharistie) und Burg (Vatikan –

alle römisch-katholischen Kirchen weltweit) entweihen und einen unheilvollen Gräuel aufstellen wird (Anm.: das Standbild oder Emblem der ökumenischen falschen Kirche).

Dem Propheten Daniel wird aber auch gesagt, wie lange die antichristliche Weltherrschaft und die des Antichristen dauert und dass mit deren Ende dann auch die Unterdrückung, Verfolgung der römisch-katholischen Kirche und das Verbot des hl. Messopfers und der hl. Eucharistie wieder aufgehoben sein wird: **„... Darauf hörte ich** (Daniel) **die Stimme des Mannes, der in Leinen gekleidet war und über dem Wasser des Flusses stand; er erhob seine rechte und seine linke Hand zum Himmel, schwor bei dem, der ewig lebt und sagte: Es dauert noch eine Zeit, zwei Zeiten und eine halbe Zeit** (Anm.: 3, 5 Jahre). **Wenn der am Ende ist, der die Macht des heiligen Volkes zerschlägt** (Anm.: Antichrist), **dann wird sich das alles vollenden.**

Ich hörte es, verstand es aber nicht. Darum fragte ich: Mein Herr, was wird das letzte von all dem sein? Er erwiderte: Geh, Daniel! Diese Worte bleiben verschlossen und versiegelt bis zur Zeit des Endes. Viele werden geläutert, gereinigt und geprüft. Doch die ruchlosen Sünder sündigen weiter. Von den Sündern wird es keiner verstehen; aber die Verständigen verstehen es. *VON DER ZEIT AN, IN DER MAN DAS TÄGLICHE OPFER ABSCHAFFT UND DEN UNHEILVOLLEN GRÄUEL AUFSTELLT, SIND ES ZWÖLFHUNDERTNEUNZIG TAGE* (Anm.: etwa 3, 5 Jahre). ***WOHL DEM, DER AUSHÄLT UND DREIZEHNHUNDERTFÜNFUNDDREISSIG TAGE ERREICHT*** (Anm.: die Verfolgung besteht und treu bleibt). **Du aber, geh nun dem Ende zu! Du wirst ruhen und am Ende der Tage wirst du auferstehen, um dein Erbteil zu empfangen“** (Dan. 12, 7 – 13).

Triumphzug des unbefleckten Herzens...

Die Muttergottes hat in ihrer ersten öffentlichen Erscheinung von 1999 am 17. Mai als eineder ersten Botschaften gesagt: **„Ich will den Triumphzug meines unbefleckten Herzens inMarpingen beginnen.“**

Das ist eine Botschaft von allerhöchster Bedeutung, die, wenn man so will, auch eine apokalyptische ist und die es wert ist, genauer beleuchtet zu werden.

Seit dem Augenblick, als ihr der Erzengel Gabriel die Botschaft überbrachte, dass sie den Sohn des Allerhöchsten gebären sollte, wusste Maria, dass sie den von den Propheten (vgl. Jesaja 7, 14; 9, 5 - 6) verkündeten und heiß ersehnten Messias, den Sohn Gottes unter ihrem Herzen trägt. Dennoch musste sie mit ansehen, wie er von den Schriftgelehrten, Pharisäern und Hohepriestern abgelehnt, verhöhnt, ausgelacht und verspottet wurde. Sie musste erleben, wie Jesus geschunden, gegeißelt und mit Dornen gekrönt vor Pilatus stand und die Menge grölte: „Kreuzige ihn…“ Sie musste mit ansehen und ertragen, wie ihr viel geliebter Sohn, der gleichzeitig der Sohn des Allmächtigen war, unvorstellbar verachtet und entwürdigt sein Kreuz durch Jerusalem trug und von dem Pöbel bespuckt und verlacht wurde. Selbst am Kreuz hörten der Spott und der Hohn über den fürchterlich leidenden Herrn nicht auf.

Auch heute ist es nicht anders, wenn Jesus in Filmen und Büchern, in Theateraufführungen, in Comedy-Shows, so auch im Deutschen Fernsehen oder in Talk-Shows, beleidigt und lächerlich gemacht wird. Sie leidet genauso, das machte sie in vielen Erscheinungen und eben auch in Marpingen deutlich, wenn die Menschen (Christen), verführt durch Irrlehrer und falsche Propheten den Weg des Glaubens verlieren, wenn der mystische Leib Jesu Christi getrennt ist, die Kirche von jenen verraten wird, die eigentlich Hirten sein sollten und die Menschheit in den Abgrund gleitet. Der Triumph ihres unbefleckten Herzens wird nichts anderes sein als das Herz einer Mutter, die erleben wird, wie ihr Sohn der Sieger über allen Spott, Hohn und Verachtung sein wird. Diese Situation wird dann eintreffen, wenn Jesus Christus mit großer Macht und Herrlichkeit als der Herr aller Herren, der König aller Könige wiederkommen wird. Dann werden die Feinde Christi, seiner Kirche und die irdischen Nachkommen der Schlange verstummen und sehr viele für ewig. Dann wird die Welt und auch seine Kirche von Fäulnis, Irrtum, Irrlehrern und Gottlosigkeit gereinigt und die neuen Judasse werden ihren Lohn empfangen.

Bezüglich der heutigen falschen Ökumene sagte die Muttergottes in einer ihrer Botschaften (Anm.: nicht in Marpingen), **dass die Ein-**

heit der Christen erst mit dem Triumph ihres unbefleckten Herzens eintreffen wird. Wie wir wissen, wird es ein zweites Pfingsten geben, und mit Hilfe des Hl. Geistes werden viele den Weg der Wahrheit erkennen und zur Wahrheit zurückkehren. So sagte sie in einer Botschaft an Don Stefano Gobbi: **„Der Heilige Geist hat die Aufgabe, die ganze Menschheit zu verwandeln und das Antlitz der Erde zu erneuern, damit sie ein neues irdisches Paradies werden kann, indem sich alle an Gott erfreuen, ihn lieben und ihn verherrlichen."**

Der Triumph des unbefleckten Herzens Mariens wird aber auch gleichzeitig der Triumph der hl. Eucharistie über das antichristliche Standbild sein. Dahingehend ist die Botschaft Jesu in Marpingen zu verstehen, die er am 06. September gegeben hat: **„Ich wünsche, dass diese Sonne, was Marion jetzt beschrieben hat, euer Leben erhellt und erleuchtet. Es ist meine Gegenwart in der hl. Kommunion. Es ist meine Gegenwart, so wie ich sie vorhin schon beschrieben habe. Sie leuchtet, sie strahlt, und dieses Strahlen möchte in eure Seelen eindringen. Es strahlt, um euch zu erleuchten, um euch den Weg zu weisen und um euch in aller Kälte dieser Welt die Liebe Gottes zu zeigen. Schaut nach diesem Licht, also schaut nach mir. Ich bin der König der Barmherzigkeit, ich bin der König der Liebe und ich möchte, dass der Triumph des unbefleckten Herzens meiner Mutter in der Welt Einzug hält. *UND ICH MÖCHTE AUCH, DASS GLEICHZEITIG DER TRIUMPH, MEIN TRIUMPH IN DER HL. EUCHARISTIE SICH VOLLZIEHT.*"**

Die große Auseinandersetzung, der finale Kampf...

Die Bibel ist nicht nur das am meisten übersetzte Buch, sondern auch ein einzigartiges Dokument, das seinesgleichen sucht. Kein Buch wurde so oft aufgelegt und verbreitet wie die Heilige Schrift.

Die Geheime Offenbarung des Johannes schildert auf geheime Art, schon vor 2000 Jahren, den Kampf der Mächte der Unterwelt gegen die auf Petrus gegründete Kirche. Der Kampf Satans gegen das Volk

Gottes, wie ihn die Offenbarung (Offb. 12, 1 – 13, 18) schildert, zeigt den Weg, wie die irdischen Nachkommen der Schlange die auf Petrus gegründete römisch-katholische Kirche bezwingen wollen.

Gott setzte am Anfang der Menschheitsgeschichte (Gen. 3, 15) Feindschaft zwischen der Schlange (Satan) und der Frau (Maria – Christentum – Kirche) und dem Nachwuchs der Schlange gegen den Nachwuchs der Frau. Die irdischen Nachkommen der Schlange (Luzifer)sind ganz reale Mächte und Organisationen auf unserer Erde und Geschichte, die jedem Zeitgenossen bekannt sind.

Die irdischen Nachkommen der Frau (Offb. 12, 17, Maria – Kirche – Christentum) sind jene übrigen, die dem großen Glaubensabfall standgehalten haben, (noch) den Geboten Gottes (und der Kirche) gehorchen und am Zeugnis für Jesus festhalten.

Dieser Kampf befindet sich heute in seinem Endstadium. Von den meisten Menschen auf unserem Planeten wird er jedoch in seiner ganzen Konsequenz kaum erkannt.

In dieser großen Schlacht, wie sie im Kampf Satans gegen das Volk Gottes (Offb. 12, 1 – 13, 18) in der Offenbarung des Johannes geschildert wird, gibt es vier Akteure.

Erstens: (Offb. 12, 1):	„Die Frau mit der Sonne bekleidet..." symbolisiert die Mutter der Kirche, Maria, die auf Petrus gegründete römisch-katholische Kirche.
Zweitens: (Offb. 12, 3):	„Der große feuerrote Drache" ist der atheistisch-marxistische Kommunismus.
Drittens: (Offb. 13, 1):	„Das schwarze Tierungeheuer aus dem Meer" ist die geheime Macht der Freimaurerei, die geheim und im Schatten der Weltpolitik, der Finanzen, der Wirtschaft, in den Medien und gesellschaftlich wirkt. Sie ist die wahre Macht hinter den Kulissen der Weltpolitik.

Viertens: (Offb. 13, 11): „Das Tier, das einem Lamm gleicht, aber wie ein Drache redet“ - das ist die kirchliche Freimaurerei, die mit dem ersten Tier der Freimaurerei zusammenarbeitet, um die auf Petrus gegründete Kirche zu zerstören. Ihre Mitglieder sind bis in die Spitzen der Kirche vorgedrungen. Unter ihnen sind Theologen, Professoren in den Priesterseminaren, Exegeten und leider auch Männer in Bischofs- und Kardinalsgewändern sowie auch führende Leute aus dem Protestantismus, perfekte Wölfe im Schafspelz. Sie haben den Auftrag, eine falsche Ökumene zu installieren und am Leben zu erhalten (dem Standbild Lebensgeist zu verleihen, so dass es auch sprechen konnte), um die Katholiken von Rom abzuspalten. Ihr Ziel ist es, eine Weltreligion im Sinne der Freimaurerei zu gründen, die den Zusammenschluss aller christlichen Glaubensgemeinschaften bewirkt. Eine neue falsche Kirche und ein falscher Christus. Jesus, der im Allerheiligsten Altarsakrament, in der hl. Eucharistie der römisch-katholischen Kirche wahrhaftig gegenwärtig ist, soll im evangelisch-protestantischen Abendmahl, das nur ein Symbol für den wahren Leib Christi ist, empfangen werden. Das jedoch ist ein falscher Christus, es ist nur Brot und kann nur Andenken an das sein, was Jesus im Abendmahlsaal getan hat. Ihr großes Schlagwort ist das vermeintliche friedens- und einheitsfördernde protestantische „gemeinsame Abendmahl“. Katholiken jedoch empfangen die hl. Eucharistie, und ihnen ist nicht gestattet, das Abendmahl zu empfangen. Auch aus diesem Grund hat Papst Johannes Paul II. vor dem ersten

Ökumenischen Kirchentag in Berlin die Enzyklika der Eucharistie veröffentlicht, um die Katholiken, ich möchte jetzt sagen, zu warnen. Ich weiß, die Wahrheit ist immer hart! Die römisch-katholische Kirche ist das Reich Gottes auf Erden. Die kirchliche Freimaurerei ist die Anti-Kirche. Das Ziel dieser Anti-Kirche jedoch ist die Abschaffung des täglichen (Mess-) Opfers, der hl. Eucharistie, und die Gründung einer falschen Kirche und eines falschen Christus, eine Weltreligion.

Jesus sagte in seiner Rede über das Ende der Zeit, als er über die Zeichen und Ereignisse spricht, die vor seiner Wiederkunft geschehen müssen: **„Ihr werdet von Kriegen hören und Nachrichten über Kriege werden euch beunruhigen. Gebt Acht, lasst euch nicht erschrekken! Das muß geschehen. Es ist aber noch nicht das Ende. Denn ein Volk wird sich gegen das andere erheben und ein Reich gegen das andere und an vielen Orten wird es Hungersnöte und Erdbeben geben. Doch das alles ist erst der Anfang der Wehen“** (Mt. 24, 6 – 8).

Die hl. Jungfrau Maria sagte 1983 dem Beter in der Marpinger Gnadenkapelle unter anderem: „... Der Fürst dieser Welt hat euch für Gottes Gebote und Offenbarungen blind gemacht. Euer Leben ist kein christliches mehr, sondern das Leben des neuen Heidentums... Unheil und Krieg werden euch überraschen...“

Die heutige Finanzkrise ist von den Freimaurern und ihren Verbündeten, internationalen (Groß-) Bankiers und superreichen Industriellen etc. inszeniert worden, um die Weltherrschaft in der neuen Weltordnung, von der Barack Obama und die anderen Regierungen, hauptsächlich die G-8-Staaten sprechen, aufzubauen. Eine „neue Weltordnung“, in der die römisch-katholische Kirche keinen Platz haben wird, weil ihr Einfluss in moralischer und ethischer Hinsicht, bei über einer Milliarde Katholiken weltweit, ein viel zu großes Hindernis für die neue Weltordnung ist.

Diese Finanzkrise in einer globalisierten (wirtschaftlich abhängigen) Welt wird zum großen weltweiten Chaos beitragen, das von bestimmter Seite gewünscht und inszeniert ist, um die Welt in ihren Griff zu bekommen. Die Folgen wirtschaftlichen Niederganges werden große soziale Unruhen, gerade in den (vormals) westlichen Wohlstands-Regionen verursachen. Gerade das exportabhängige Deutschland wird davon sehr betroffen sein. Die Muttergottes gab auch die Botschaft: **„Deutschland wird viel leiden müssen, aber ihr werdet es ertragen können."**

Deutschland ist besonders vom Glaubensabfall betroffen, wie Maria es auch schon offenbart hat. Wir kennen doch die Situation, wenn große Katastrophen eintreten wie der Tsunami in Süd-Ost-Asien oder das Attentat auf das World-Trade-Center in New York. Plötzlich sind alle Kirchen gefüllt, man erinnert sich wieder mehr an Gott. So wird auch das Leid in Deutschland wieder mehr an Gott erinnern und zu ihm führen. Ich selbst habe diese Erfahrung hinter mir. Niemals hätte ich mich Mitte Januar 1999 vor die Madonnenfigur gekniet und die Bekehrung erfahren dürfen, wenn ich die persönliche große Lebenskrise seinerzeit nicht gekannt hätte.

Große soziale Unruhen auf der ganzen Welt, Religions-Konflikte im Nahen Osten, vermehrte Terroranschläge von extremistisch-islamischer Seite, die geschürt werden, und kommende Kriege werden das Bewusstsein dafür schärfen, dass es notwendig ist, eine friedensfördernde Weltreligion zu schaffen, ein Welt-Ethos, das die Religionen dahin bringen soll, Frieden zu schaffen.

Wer die verschärften und unbegründeten Angriffe auf Papst Benedikt XVI. bezüglich der Pius-Bruderschaft und des Holocaust-Leugners Williamson erlebt hat, weiß, wohin der Weg geht. Wer sieht, wie die Medien allein die Kirche bezüglich der Missbrauchsfälle im Focus haben und sogar versucht wird durch Verdrehung der Tatsachen den Papst mit hineinzuziehen, ahnt Schlimmes. Diese Krise spielt der falschen Ökumene in die Hände und wird beitragen, die Katholiken in großer Zahl von Rom wegzuziehen. Wer die breitgestreuten und unentwegten Kommentare über die alte, machthungrige, verknöcherte Altherrenriege im Vatikan und ihre unzeitgemäßen mittelalterlichen Entscheidungen hört, weiß ebenfalls, dass Stimmung gegen die Kirche gemacht werden soll.

Der alte französische Philosoph und Kirchenfeind Voltaire sagte einmal, dass sich das Volk nicht um gelehrte Traktate kümmert. Eines seiner geflügelten Worte wurde zum Schlachtruf: *„Ekrasez l' infâme"*, *„Zerstört die Schamlose"* (Kirche). So gab er den Rat, *„Verleumdet sie unaufhörlich, es bleibt immer etwas hängen."* In der Französischen Revolution trugen seine Ratschläge viele Früchte, indem unzählige Priester, Bischöfe und sonstige Geistliche, die sich der antikirchlichen Diktion nicht fügten, ihr Ende auf der Guillotine fanden.

In einer Forsa-Umfrage, die man unter tausend Menschen durchführte, will man festgestellt haben, dass 76 Prozent der Katholiken meinen, dem Papst keinen Gehorsam zu schulden. Ja, die modernen Voltaires haben gute Arbeit geleistet.

Es wird bald dazu kommen, dass rom- und papsttreue Katholiken als gefährliche Extremisten, als intolerante und friedensgefährdende Subjekte eingestuft werden. Aus Unkenntnis der Glaubenswahrheiten, aus bewusstlosem Herdentrieb und aus Angst, einer überholten, mittelalterlich-denkenden Kirche anzugehören, werden die meisten Katholiken die ihnen gestellten Fallen nicht erkennen, dann dem Standbild der neuen, ökumenischen und falschen Kirche und dem falschen Christus folgen.

Die bald sehr stark sich verändernde Situation der Weltpolitik und die Situation auf der Erde werden dazu führen, dass alle Individuen in friedliebende, gesellschaftsfähige und in gesellschaftsunfähige, das heißt dem allgemeinen Welt-Ethos oder der Welt-Ethik verschlossen lebende und denkende Menschen, eingeteilt werden. Die letzte Gruppe wird keine Akzeptanz oder Toleranz mehr finden. Sie gelten als gefährliche Extremisten, die bedingungslos ausgeschaltet werden müssen zum Wohl der gesamten Menschheit. Um dies zu gewährleisten, wird eine Überwachung eingeführt, die es so auf der Welt noch nie gegeben hat, da es auch vorher technisch nicht möglich war.

Alle Menschen werden ein Kennzeichen annehmen müssen, wenn sie kaufen oder verkaufen wollen. Wer dieses Kennzeichen nicht hat, wird zugrunde gehen, weil er sich noch nicht einmal ein Stück Brot kaufen kann, keinen Job mehr haben wird etc., er ist erledigt.

Denn Bargeld wird es keines mehr geben. ***Jeder wird das Standbild anbeten müssen, die neue Weltreligion,*** **um nicht getötet zu werden.**

Manchen Menschen werden diese Zeilen vorkommen wie von einem anderen Stern, das ist klar. Aber es wird die Realität unserer baldigen Zukunft sein.

Die Überwachung der Menschheit hat längst schon begonnen, die Nachrichten über den Datenmissbrauch füllen fast schon täglich die Meldungen in den Medien. Wir werden dazu geführt, dass wir unsere Freiheit gerne der Totalüberwachung opfern, um in Sicherheit leben zu können. Die sich vermehrenden (inszenierten) Terroranschläge und die großen sozialen Unruhen etc. werden den Staaten die Totalüberwachung erlauben.

Aber die Heilige Schrift sagt: **„Wer das Tier und sein Standbild anbetet und wer das Kennzeichen auf seiner Stirn oder seiner Hand annimmt, der muß den Wein des Zornes Gottes trinken, der unverdünnt im Becher seines Zornes gemischt ist..."** (Offb. 14, 9 – 11).

Und die Heilige Schrift sagt auch: „Hier muß sich die Standhaftigkeit der Heiligen bewähren, die an den Geboten Gottes und an der Treue zu Jesus festhalten..." (Offb. 14, 12).

Genau deshalb kommt die Muttergottes auch nach Marpingen, um alle einzuladen, und deshalb bittet sie nicht nur, sondern fleht sogar, um uns unter ihren Mantel bergen und schützen zu können. Wer Ohren hat zu hören, der höre. Wer Augen hat zu sehen, der sehe. Wer Verstand hat, der verstehe.

Die UNO

Die Bibel spricht davon, dass dem Tier, also der Freimaurerei, Macht gegeben wird „über alle Stämme, Völker, Sprachen und Nationen" (Offb. 13, 7), das heißt, es wird die Weltherrschaft erringen.

Man muß sich aber fragen, wie soll das denn funktionieren, da die Freimaurerei eine mehr geheime Organisation ist, die im Schatten und außerhalb der Öffentlichkeit existiert? Die Antwort ist so einfach wie verblüffend: Sie werden die Weltherrschaft erreichen durch eine Körperschaft, die eine vermeintlich friedensfördernde und alle Nationen verbindende Organisation darstellt. Diese Organisation ist die

UNO, mit vollem Namen UNITED NATIONS ORGANIZATION, die Organisation der Vereinten Nationen.

Es ist eine gewaltige Freimaurer-Organisation, die, wie ihre Vorgänger-Organisation „der Völkerbund", von Freimaurern und ihren Verbündeten, internationalen Bankiers und Superreichen gegründet wurde. Private Politbüros der Superreichen wie der „Council on Foreign Relations" in New York sind die eigentliche Macht hinter den Regierungen. Der Council on Foreign Relations hat Ableger auf der ganzen Welt. In Deutschland heißt die Schwester-Organisation des CFR „Deutsche Gesellschaft für Auswärtige Politik e. V."

Namhafte aktuelle und Ex-Politiker sind Mitglieder dieser deutschen Gesellschaft. Schon heute werden UN-Blauhelme als friedenssichernde Truppen in Krisenregionen eingesetzt.

Wir werden in eine geplante Situation kommen, in der großes Chaos auf der Welt sein wird, wie Jesus in seiner Endzeitrede voraussagte (Mt. 24, 6 – 7): „Ihr werdet von Kriegen hören und Nachrichten über Kriege... Denn *ein Volk wird sich gegen das andere erheben und ein Reich gegen das andere* und an vielen Orten wird es Hungersnöte und Erdbeben geben..."

Jesus hat zwar in seiner Botschaft vom 06. September 1999 gesagt, dass es keinen dritten Weltkrieg, keinen Holocaust geben wird, und in dem zur Zeit größten aktuellen Marienerscheinungsort Medjugorje, in Bosnien-Herzegowina, bestätigte es die „Gospa", wie die Madonna dort genannt wird. Also kein totaler atomarer Schlagabtausch der Atommächte, denn das wäre der Holocaust, der Untergang unseres Planeten und würde den internationalen Strippenziehern auch nichts einbringen, da sie selbst zu den Verlierern gehören würden.

Außerdem würde auch die Aussage der Geheimen Offenbarung nicht mehr stimmen.

Die Nationen auf der Welt werden alle Macht, auch die militärische, den „Vereinten Nationen" als der über allen stehenden Friedens-Organisation übergeben. Somit wird die UNO die einzige wirkliche Macht auf dieser Erde sein. An ihrer Spitze wird jener dann stehen, den Paulus den Sohn des Verderbens nennt und der als Antichrist bekannt ist. Dies wird dann die erbarmungsloseste Diktatur in der Menschheitsgeschichte sein, die es je gegeben hat.

Aufgrund der Botschaften von Heiligen werden zwei Strafgerichte die Menschheit reinigen.

Das erste Strafgericht kommt von der Erde selbst, durch Menschen verursachte Kriege und durch die Herrschaft des Antichrist, und das zweite Strafgericht kommt von Gott.

Pater Jörg Müller, der die Seherinnen während der Marpinger Erscheinungen von 1999 betreute, schreibt in seinem Buch „Von Maria zu reden, ist gefährlich" (Miriam-Verlag):

„Am Mittwoch, dem 08. September, hatte Christine eine Vision zu Hause. Die Muttergottes sagte zu ihr: **„Mein Kind, es ist wahr, es wird keinen dritten Weltkrieg geben. Gott liebt seine Kinder zu sehr. Aber er kommt nicht umhin, sein Strafgericht zu schicken; d.h., dass vorher Dinge geschehen, die zur Heimholung der Seele dienen. *ABER ER TUT ES AUS LIEBE.* Ich werde jetzt im einzelnen nicht darauf eingehen, wie es geschieht.**

Aber wenn man glaubt, vertraut und Gott liebt, braucht man sich nicht davor zu fürchten. Es ist alles im göttlichen Plan. Ihr dürft euch dann auf die 'neue' alte Welt freuen. Dann nämlich wird es keine Gottlosen mehr geben. Alles wird im Einklang mit den zehn Geboten sein, und das Böse wird es auch eine Zeitlang nicht mehr geben. Habt keine Angst!

Natürlich musste ich in Fatima drohen mit Gottes Strafen, denn sonst werdet ihr ja nicht wach. Aber durch das Gebet wird viel gemindert, verschoben und aufgelöst. Habt also keine Angst! Gott möchte nicht eure Vernichtung. Seine Liebe zu euch ist zu groß.

(Ganz eindringlich:) **Aber er wird alles dazu tun, dass ihr nicht verloren geht. Ich segne dich, mein Kind."**

Die Macht des Antichrist wird zwar fürchterlich sein, aber nicht lange dauern, sonst würde niemand überleben: **„Und wenn jene Zeit nicht verkürzt würde, dann würde kein Mensch gerettet; doch um der Auserwählten willen wird jene Zeit verkürzt werden"** (Mt. 24, 22).

Die bisherigen Seiten werden **„den Kampf Satans gegen das Volk Gottes"**, wie er in der Geheimen Offenbarung 12, 1 – 13, 18 beschrieben ist, besser verstehen lassen.

Es wurde ihm Macht gegeben über alle Stämme, Völker und Sprachen... – Der Kampf beginnt

„Da geriet der Drache in Zorn über die Frau und er ging fort, um Krieg zu führen mit ihren übrigen Nachkommen, die den Geboten Gottes gehorchen und an dem Zeugnis für Jesus festhalten“ (Offb. 12, 17).

„Und der Drache (marxistischer Kommunismus) **trat an den Strand des Meeres“** (Anm.: um Hilfe zu holen in seinem Kampf gegen die Frau - Kirche -) (Offb. 12, 18).

„Und ich sah: Ein Tier stieg aus dem Meer, mit zehn Hörnern und sieben Köpfen. Auf seinen Hörnern trug es zehn Diademe und auf seinen Köpfen Namen, die eine Gotteslästerung waren. Das Tier, das ich sah, glich einem Panther; seine Füße waren wie die Tatzen eines Bären und sein Maul wie das eines Löwen. Und der Drache hatte ihm seine Gewalt übergeben, seinen Thron und seine große Macht. Einer seiner Köpfe sah aus wie tödlich verwundet; aber die tödliche Wunde wurde geheilt. Und die ganze Erde sah dem Tier staunend nach. Die Menschen warfen sich vor dem Drachen nieder, weil er seine Macht dem Tier gegeben hatte; und sie beteten das Tier an und sagten: Wer ist dem Tier gleich und wer kann den Kampf mit ihm aufnehmen?

Und es wurde ermächtigt, mit seinem Maul anmaßende Worte und Lästerungen auszusprechen; es wurde ihm Macht gegeben, dies zweiundvierzig Monate zu tun. Das Tier öffnete sein Maul, um Gott und seinen Namen zu lästern, seine Wohnung und alle, die im Himmel wohnen. Und es wurde ihm erlaubt, mit den Heiligen zu kämpfen und sie zu besiegen. Es wurde ihm auch Macht gegeben über alle Stämme, Völker, und Sprachen. Alle Bewohner der Erde fallen nieder vor ihm; alle, deren Namen nicht seit der Erschaffung der Welt eingetragen ist ins Lebensbuch des Lammes, das geschlachtet wurde“ (Offb. 13, 1 – 9).

Erklärung von Offb. 13, 1 – 8:

Der rote Drache, also der atheistisch-marxistische Kommunismus, holt Hilfe für seinen Kampf gegen die Frau, d.h. die Kirche, bei dem

Tier, das aus dem Meer steigt, d.h. der Freimaurerei. Und jetzt wird es interessant, denn es heißt: **„Und der Drache hatte ihm seine Gewalt übergeben, seinen Thron und seine große Macht.“** Das heißt, dass der Kommunismus der Freimaurerei seine Gewalt, seinen Thron und seine große Macht übergibt.

Wir wissen aus geschichtlichen Fakten, dass Lenin nicht nur ein überzeugter Kommunist war, sondern auch ein überzeugter Freimaurer, der der Loge des „Grand Orient de France“ angehörte. Ebenfalls geschichtlicher Fakt ist, dass die bolschewistische Revolution von 1917 von westlichen Multi-Millionären und Bankiers finanziert wurde. Und man kann mit Fug und Recht behaupten, dass der Kommunismus in den Vereinigten Staaten von Amerika gegründet wurde und nicht in Moskau.

Ich möchte jetzt diese Thematik nicht weiter ausführen, weil es nicht das Hauptthema dieses Buches ist. Wer sich eingehender informieren möchte, findet auf der letzten Seite dieses Buches weitere Literaturhinweise diesbezüglich.

Dann heißt es: **„Einer seiner Köpfe sah aus wie tödlich verwundet; aber die tödliche Wunde wurde geheilt. Und die ganze Erde sah dem Tier staunend nach.“**

Schon 1949 sagte die Muttergottes in ihren Botschaften an Ida Peerdeman: „Russland wird alles zum Schein tun. Da geschieht eine völlige Umwandlung.“ Und in einer anderen Botschaft sagte sie einer begnadeten Frau: „Der Kommunismus ist nicht tot, er hat sich nur geschickt verkleidet.“

Die Auflösung der UdSSR in ein demokratisches Russland ist eine große Lüge. Der Kommunismus, und dazu muß auch China etc. gerechnet werden, hat nur seine Strategie umgestellt. Auch die Wiedervereinigung Deutschlands, ohne einen Schuss abzufeuern, war nur durch die neue Strategie des Kommunismus, der Freimaurerei und ihrer Verbündeten möglich. Die alten Betonköpfe der ehemaligen UdSSR wurden durch neue Figuren ersetzt, wie Gorbatschow, der die neue Strategie durch Glasnost und Perestroijka einleitete, und die von Jelzin und dem alten KGB-Offizier Putin weitergeführt wird.

Die alten Ziele der Weltherrschaft in Verbindung mit der Führungsriege der Freimaurerei besteht zu hundert Prozent weiter. Wenn aber die geschichtlichen Ereignisse reif geworden sind, wird der Kommunismus und seine militärische Macht wie von Zauberhand (vielleicht durch einen gespielten Putsch wie bei Gorbatschow – Jelzin) wieder in Erscheinung treten.

So sagt auch die Offenbarung: **„Und die ganze Erde sah dem Tier staunend nach."**

Und weiter: **„Die Menschen warfen sich vor dem Drachen nieder, weil er seine Macht dem Tier gegeben hatte; und sie beteten das Tier an und sagten: Wer ist dem Tier gleich und wer kann den Kampf mit ihm aufnehmen?"**

Die UNO ist, wie schon gesagt, eine Organisation der Freimaurer und ihrer Verbündeten.

Es wird die Situation kommen, in der großes Chaos auf der Welt herrschen wird durch viele Kriege, Revolutionen etc., wie auch Jesus in seiner Endzeitrede voraussagte, dass **„ein Volk sich gegen das andere erheben wird und ein Reich gegen das andere..."** (Mt. 24, 7).

Es wird einen Kampf geben, der Osten gegen den Westen, so eine Botschaft Mariens. Durch dieses große Chaos, verstärkt durch Naturkatastrophen und Hungersnöte, wird man einsehen, dass die alleinige Macht, auch die militärische, den Vereinten Nationen übergeben werden sollte, um so weitere Katastrophen und Kriege zu verhindern. Die Menschen werden den kommunistischen Mächten (Russland – China etc.) dankbar sein (sich vor sie niederwerfen), weil sie ihre Macht der (friedenssichernden) UNO gegeben haben. Dass dies ein teuflisch raffiniertes Spiel ist, werden die wenigsten Menschen erkennen.

Dann ist das Ziel der Freimaurerei und ihrer Verbündeten endlich erreicht, durch ihre Organisation der „UNO", die von ihnen kontrolliert wird, die Weltherrschaft an sich zu reißen. Sie wird dann die einzige Macht, auch in militärischer Hinsicht sein, der niemand mehr gewachsen sein wird. So sagt Johannes: **„Wer ist dem Tier gleich, und wer kann den Kampf mit ihm aufnehmen?"**

Die „Neue Weltordnung", von der viele Politiker wie Barack Obama oder Henry Kissinger, um nur zwei Protagonisten und Politiker zu nennen, immer wieder reden, sollte man heute mit wacheren Augen anschauen. Man weiß nicht, wieviele Politiker oder andere Persönlichkeiten den tiefen, geheimen und wahren Hintergrund der angestrebten Neuen Weltordnung kennen. Wahrscheinlich sind es nur die Höchst-Eingeweihten.

Dann schildert Johannes die 42 Monate dauernde Herrschaftszeit des Antichrist, des Menschen der Gesetzwidrigkeit, des Sohnes des Verderbens, des Widersachers Christi und seiner Kirche, der sich über alles, was Gott oder Heiligtum heißt, so sehr erhebt, dass er sich sogar in den Tempel Gottes setzt und sich als Gott ausgibt. Dann wird die Botschaft Mariens von 1846 eingetroffen sein, als sie prophezeite, dass „Rom den Glauben verlieren und Sitz des Antichrist werden wird." Er wird Jesus Christus leugnen, die Gesetze der Kirche und die zehn Gebote und alles, was Heiligtum der Kirche ist, nämlich das Allerheiligste Altarsakrament und das tägliche Messopfer abschaffen.

Alle, die den Geboten Gottes und der Kirche gehorchen und am Zeugnis für Jesus Christus festhalten, statt sein Standbild anzubeten, wird er verfolgen und töten. Besonders jene Zeugen, die öffentlich Zeugnis geben werden für die Wahrheit gegen die Lüge.

„Wenn einer Ohren hat, so höre er. Wer zur Gefangenschaft bestimmt ist, geht in die Gefangenschaft. Wer mit dem Schwert getötet werden soll, wird mit dem Schwert getötet (Anm.: Märtyrer-Zeugen des Glaubens). **Hier muß sich die Standhaftigkeit und die Glaubenstreue der Heiligen bewähren."**

Man kann sagen, dass die Schilderung des Kampfes gegen die Kirche und das Volk Gottes in der Offenbarung (Offb. 12, 1 – 13, 18) auf zweierlei Arten erfolgt. Von Offb. 12, 1 – 13, 9 wird die politische Seite des Kampfes vorausgesagt. Und von Offb. 13, 9 – 13, 18 die religiöse Seite des Kampfes gegen Kirche und Volk Gottes.

Der religiöse Kampf (Offb. 13, 9 – 13, 18)

„Und ich sah: **Ein anderes Tier stieg aus der Erde herauf. Es hatte zwei Hörner wie ein Lamm, aber es redete wie ein Drache. Die ganze Macht des ersten Tieres übte es vor dessen Augen aus. Es brach-**

te die Erde und ihre Bewohner dazu, das erste Tier anzubeten, dessen tödliche Wunde geheilt war. Es tat große Zeichen; sogar Feuer ließ es vor den Augen der Menschen vom Himmel auf die Erde fallen. Es verwirrte die Bewohner der Erde durch die Wunderzeichen, die es im Auftrag des Tieres tat; es befahl den Bewohnern der Erde, ein Standbild zu errichten zu Ehren des Tieres, das mit dem Schwert erschlagen worden war und doch wieder zum Leben kam. Es wurde ihm Macht gegeben, dem Standbild des Tieres Lebensgeist zu verleihen, so dass es auch sprechen konnte und bewirkte, dass alle getötet wurden, die das Standbild des Tieres nicht anbeteten.

Die Kleinen und die Großen, die Reichen und die Armen, die Freien und die Sklaven, alle zwang es, auf ihrer rechten Hand oder ihrer Stirn ein Kennzeichen anzubringen.

Kaufen oder verkaufen konnte nur, wer das Kennzeichen trug: den Namen des Tieres oder die Zahl seines Namens. Hier braucht man Kenntnis. Wer Verstand hat, berechne den Zahlenwert des Tieres. Denn es ist die Zahl eines Menschennamens“ (Offb. 13, 11 – 18).

Die Offenbarung schildert (ab Offb. 13, 11) durch das Tier, das einem Lamm gleicht, aber wie ein Drache redet, den religiösen Kampf durch die bis in die Spitzen der Kirche vorgedrungene kirchliche Freimaurerei im Kampf gegen die auf Petrus und die Päpste gegründete Kirche.

Wenn Johannes in der Offenbarung schreibt, dass das Tier, das einem Lamm gleicht, große Zeichen tat und Feuer vom Himmel fallen ließ und die Bewohner der Erde dadurch verwirrte, dass es dies im Auftrag des Tieres (Offb. K. 13, 13 – der Freimaurerei) tat, so beschreibt es den Antichrist oder den falschen Propheten, der aus der kirchlichen Freimaurerei kommen wird. Paulus sagt über den Antichrist: „Der Gesetzwidrige aber wird, wenn er kommt, die Kraft des Satans haben. Er wird mit großer Macht auftreten und trügerische Zeichen tun. Er wird alle, die verloren gehen, betrügen und zur Ungerechtigkeit verführen; sie gehen verloren, weil sie sich der Liebe zur Wahrheit verschlossen haben, durch die sie gerettet werden sollten. Darum lässt Gott sie der Macht des Irrtums verfallen, so dass sie der Lüge glauben; denn alle müssen gerichtet werden, die nicht der Wahrheit geglaubt, sondern die Ungerechtigkeit geliebt haben“ (2. Thess. 2, 9 – 12).

„... es befahl den Bewohnern der Erde, ein Standbild zu errichten... Es wurde ihm Macht gegeben, dem Standbild des Tieres Lebensgeist zu verleihen, so dass es auch sprechen konnte und bewirkte, dass alle getötet wurden, die das Standbild des Tieres nicht anbeteten.“

Der Dialog mit den anderen Religionen

Der Dialog mit den anderen Religionen ist absolut richtig und wird auch vom Heiligen Stuhl praktiziert, auch die Ökumene wurde im zweiten Vatikanischen Konzil festgeschrieben.

Es geht nicht darum, gegen die Ökumene zu sein, sondern gegen eine falsche Ökumene, die an den Glaubenswahrheiten der römisch-katholischen Kirche nicht interessiert ist, die gegen Kirche, Papst und Lehramt Stimmung macht und die Gläubigen auf raffinierte Weise von Rom abspaltet.

Ich möchte noch einmal die Gottesmutter sprechen lassen durch Botschaften, die sie dem italienischen Priester Don Gobbi in Fatima am 15. September 1989 gab:

„... Für Jesus ist es ein neues Gethsemani, seine Kirche heute so entweiht und verlassen zu sehen, wo der größte Teil der Hirten in Gleichgültigkeit und Lauheit schläft, während andere die Handlung des Judas wiederholen und die Kirche aus Gier nach Macht und Geld verraten.

Der Drache frohlockt über das Ausmaß seiner Eroberung mit Hilfe des schwarzen Tieres und des Tieres, das einem Lamm gleicht, in diesen euren Tagen, in denen der Teufel sich gegen euch entfesselt hat, weil er weiß, dass ihm nur noch eine kurze Frist bleibt.

Groß ist mein Schmerz, wenn ich mit ansehen muß, wie Jesus, der wirklich in der Eucharistie gegenwärtig ist, immer mehr vergessen, verlassen, beleidigt und mit Füßen getreten wird.

Groß ist mein Schmerz, wenn ich sehen muß, wie meine Kirche gespalten, verraten, entblößt und gekreuzigt wird.

Groß ist mein Schmerz, wenn ich sehen muß, wie mein Papst dem Gewicht eines äußerst schweren Kreuzes erliegt und von Bischöfen, Priestern und Gläubigen mit völliger Gleichgültigkeit umgeben wird.

Ob ihr dann noch immer die Tür eures Herzens der angsterfüllten Stimme eurer himmlischen Mutter verschließen würdet, wenn ihr die Züchtigung, die euch erwartet, begreifen könntet?

Denn das göttliche Herz meines Sohnes Jesus hat meinem unbefleckten Herzen den letzten und äußersten Versuch anvertraut, euch alle zum Heil zu führen."

Wir sind heute der Zeit sehr nahegekommen, in der alle, die das Standbild anbeten, auch mit dem Kennzeichen des Antichrist auf der Stirn oder auf der Hand bezeichnet werden. Wer die zunehmende Überwachung sieht, weiß, was die Stunde geschlagen hat.

Begeben wir uns unter den Schutz und Schirm des unbefleckten Herzens Mariens.

Nach etwa dreieinhalb Jahren wird die Macht des Antichrist durch die Wiederkunft Jesu beendet sein: „Jesus, der Herr, wird ihn durch den Hauch seines Mundes töten und durch seine Ankunft und Erscheinung vernichten" (2. Thess. 2, 8).

Letzter Erscheinungstag (17. Oktober 1999)

Der 17. Oktober 1999 war der letzte Erscheinungstag von insgesamt 13 öffentlichen Erscheinungen. Es war ein wunderschöner, aber auch sehr kalter Oktobersonntag. Laut Medienberichten sollen etwa 43.000 Menschen dem Ereignis im Härtelwald beigewohnt haben. Ich gebe die Botschaft jetzt in stark gekürzter Fassung wieder.

Maria: **„Ich liebe euch so sehr. Ich danke euch, dass ihr meinem Rufen gefolgt seid und hier seid. Ich habe nämlich jeden von euch gerufen, jeden einzelnen, bewusst oder unbewusst. Ich bin nochmals gekommen, um euch zu sagen: Bitte, bitte bleibt gehorsam, egal, was kommen mag. Bleibt im Gehorsam, denn nur so, im Gehorsam, kann sich der göttliche Plan erfüllen, und mein unbeflecktes Herz wird triumphieren. – Denkt daran, meine Kinder, bleibt immer im Gehorsam, auch wenn es euch falsch erscheinen mag, bleibt im Gehorsam, ich** bitte euch darum von ganzem Herzen. Ich darf euch vom Vater sagen: Es ist wahr, was Marion vorhin gehört hat. Durch das Gebet heute an diesem Tag geht niemand verloren, der heute stirbt.

Meine Kinder! Ich weiß, ich verlange viel von euch, aber der Gehorsam ist das A und 0. Jesus, mein göttlicher Sohn, hat euch den Gehorsam vorgelebt. Er war gehorsam bis zum Tod, ja bis zum Tod am Kreuz. Das ist Gehorsam gegenüber Gott, sich und alle seine Wünsche denen hintanzustellen, die Gottes Wünsche sind. Darum bitte ich euch heute ausdrücklich um den Gehorsam.

Meine Kinder, helft mir, dass meine Kinderschar wieder zu mir zurückkehrt. Betet viel! Betet, betet, betet! Opfert eure Leiden auf. Ich warte so sehnlichst auf meine Kinder. Ich möchte sie doch alle zu meinem Sohn führen. Ich werde alles tun, um sie zu meinem Sohn zu führen. Warum verschließen sie sich so sehr? Wir wollen doch nur das Beste für sie. Die Herzen sind so kalt geworden. Sie blocken die Liebe ab, die mein Sohn ihnen geben möchte.

Meine Kinder, unsere Herzen sind so voll Trauer. Die Trauer zerreißt unser Herz, wenn wir sehen müssen, wie wenig die Liebe geliebt wird. Ihr müsst mir helfen, und ich komme zu euch ja zum letzten Mal, zwar nicht für den heutigen Tag, aber in dieser Erscheinungsreihe. Ich komme, um euch ganz innig und voller Liebe zu bitten, alles, was ich von euch wünsche, mir zu geben. Nichts festzuhalten. Nichts, auch nicht euren eigenen Willen. Ihr müsst meinem Sohn ähnlich werden, damit ihr ihm Trost seid. Ihr müsst euer Kreuz tragen, damit ihr den Weg geht, den er euch vorausgegangen ist. Ihr müsst diesen Weg gehen, denn es ist der einzige Weg, der zum Himmel führt. Ich habe den Auftrag, die Seelen zu meinem Sohn zurückzuführen. Diesen Auftrag muß ich ausführen, und es ist auch mein Wunsch, diesen Auftrag auszuführen. Ihr müsst mein Herz betrachten, wie es von Liebe voll ist und es auf euch ausstrahlen möchte. Es möchte eure Herzen mit Liebe erfüllen, damit ihr Gott liebt. Ihr müsst zum Herrn zurückkehren! Er liebt euch mit der unendlichen Liebe seines Herzens, und er wartet in großer Sehnsucht auf die Rückkehr der Seelen. Betet, betet, betet und opfert euer Leid. Auch das kleinste eurer Leiden ist für den Himmel wertvoll, wenn ihr es aus Liebe tragt, wenn ihr es ihm schenkt, wenn ihr sagt: Jesus, alles aus Liebe zu dir.

Diese Liebe braucht der Himmel aus euren Herzen, denn er hat euch für den Himmel geschaffen, damit ihr diese Liebe ewig leben könnt. Laßt euch nicht verwirren! Laßt euch nicht in die Irre führen. Bleibt gehorsam dem Papst, lebt nach den Geboten Gottes und nach den Geboten der Kirche. Wenn ihr mir bei meinem Auftrag helft, wird die Welt sich bekehren. Die Welt wird zum Herrn zurückkehren, und es wird Friede sein. Lebt die Liebe, die ich in eure Herzen gieße, damit die Menschen eure Liebe sehen, denn nur durch die gelebte Liebe und durch die gelebten Gebote Gottes könnt ihr heute diese harten Herzen noch erreichen. Worte kommen nicht mehr durch. Liebt, meine Kinder! Gott und die Menschen!

Jetzt spricht Jesus selbst: **„Meine Kinder! Da ich nun meine Mutter in die Pfarrkirche geschickt habe** (Anm.: dort ist gerade hl. Messe), **komme ich selber zu euch. Ich habe euch schon gesagt, dass sich mein Herz nach eurer Liebe sehnt. Ich möchte euer König sein, euer König der Liebe und der Barmherzigkeit. Ich möchte, dass ihr mich in Ehrfurcht liebt. Ich möchte, dass ihr mich in Ehrfurcht empfangt. Ich möchte, dass ihr mich anbetet und diese Anbetung soll geschehen mit einem großen Akt der Liebe. Mein Herz ist das Zeichen meiner Liebe, das ich schon geoffenbart habe durch meine Braut Maria-Margareta Alacoque** (Herz-Jesus-Fest).

Die Verehrung meines Herzens ist ein Weg zu mir. Ein weiterer Weg ist die Verehrung des unbefleckten Herzens meiner Mutter, was aber nicht an meinem Herzen vorbeigeht, sondern meine Mutter führt alle Menschen zu mir. Und ich komme, um euch zu sagen, wie groß zum einen meine Freude darüber ist, wie viele Menschen mich lieben, aber es sind nicht alle und deswegen ist mein Herz noch traurig. Mein Herz möchte euch alle und damit die ganze Welt überfluten von der Liebe, die in meinem Herzen wohnt. Es ist die Liebe, die zwischen uns gegenwärtig ist. Ihr seid in diese Liebe einbezogen. Ihr seid ein Teil dieser Liebe, weil der Vater und ich und der Heilige Geist euch geschaffen haben, um uns zu lieben.

Liebt mich! Liebt den Vater, liebt den Heiligen Geist! Verehrt ihn, denn er ist bestimmt, euch den Weg zu weisen in dieser verworrenen Zeit, mir und meiner Kirche treu zu bleiben. Ihr müsst wachsam sein. Ihr müsst mit offenem Herzen und mit kindlicher Liebe mich

anbeten. Wer mich liebt und wer mich anbetet und wer meinem Stellvertreter auf dieser Welt gehorsam ist, wird immer ein Glied meiner Kirche sein. Diese Kirche habe ich gegründet, um euch und allen Menschen die Möglichkeit zu schenken, mit meinen Gnaden, die ich vom Kreuz verdient habe, gerettet zu werden. Ihr seid nicht für das Verderben bestimmt. Ihr seid für den Himmel bestimmt. Jeder Mensch, der in die Hölle kommt, will es selbst, denn Gott verdammt niemanden.

Und darum bitte ich euch, und ich habe euch schon oft gebeten durch meine Mutter, die ich zu euch gesandt habe: Kehrt um! Macht ernst mit eurem Glauben! Laßt ihn nicht einfach schleifen und denken: Im letzten Augenblick wird es mir schon gelingen. Der Widersacher schläft nicht. Er schläft nicht, und er ist bemüht, viele Seelen ins Verderben zu stürzen. Meine Mutter hat euch in Fatima schon gesagt, dass viele Seelen in die Hölle kommen, weil niemand für sie betet. Drum betet ihr, und helft meiner Mutter und mir, dass alle Menschen zurückkehren zu dem, für was sie geschaffen sind: zu der ewigen Anbetung Gottes im Himmel. Opfert eure Leiden mit meinem Leid, und wenn es schwer wird, blickt auf das Kreuz, denn da habe ich aus Liebe für euch gelitten. Tragt euer Kreuz und folgt mir nach! Denn nur so könnt ihr meine Jünger sein.

Ich habe schon durch so viele Menschen gesprochen. (Die Seherin sieht Fatima und Lourdes.) **Bitte nehmt meine Bitten ernst. Es sind nur zwei, die ich nenne. Ich hatte meine Mutter geschickt. Jetzt komme ich selbst, wie ich auch in anderen Orten schon selbst gekommen bin und komme.**

Maria: **„Ich habe meine Sendung hier in Marpingen beendet. Dennoch werde ich heute noch einmal kommen. Ich lasse euch aber nicht allein. Ich bin immer anwesend. Ich bin immer da in Marpingen, auch spürbar für bestimmte Menschen. Ich bin immer da, ich werde nicht gehen, und ich warte jeden Tag, dass ihr zu mir kommt.“**

Botschaften der Muttergottes für die Zukunft!

Jetzt gab die Muttergottes Botschaften bezüglich der Zukunft, die viele nicht richtig einordnen konnten und so manche Pilger ein wenig ratlos machten. Es betrifft auch die Wiederkunft Jesu, das Verständnis über das Ende der Zeit, das vielfach für das Ende der Welt gehalten wird. Die nachfolgenden Botschaften vom 17. Oktober werden danach kommentiert.

„In einer späteren Zeit, wenn mein unbeflecktes Herz triumphiert hat, dann werden mich viele wieder in Marpingen sehen. Dann werde ich auch wieder sprechen zu meinen Kindern. Das ist aber in einer späteren Zeit.

In dieser späteren Zeit werden alle Herzen geöffnet sein, jeder wird mich hören können. Gott wird wieder ganz unter den Menschen sein. Habt also keine Angst, meine Kinder! Euer Ziel ist diese Zeit, von der ich sprach und die kommen wird. Dieses Versprechen gebe ich euch.

Ich gebe aber keine Daten, denn die stehen nur dem Allmächtigen zu, zu wissen. Vertraut! Er wird in der Welt siegen, und es wird eine Zeit anbrechen, die viel schöner ist als alles je zuvor, voll Vertrauen auf Gott. Ich gebe keine Daten, denn auch ich kann nicht sagen, wann es kommt. Das weiß nur Gott allein in seiner Allmacht, und er entscheidet.

Habt keine Angst, meine Kinder! Habt keine Angst! Ich gebe euch allen, allen meinen Kindern das Versprechen wieder und wieder, dass ich immer bei euch bin. Glaubt es und vertraut darauf! Außerdem wünsche ich, dass nicht spekuliert wird über diese Zeit, von der ich eben sprach. Ihr könnt noch so viel rechnen, ihr werdet es nicht erraten. Betet lieber! Kommt meinem Wunsch nach, verinnerlicht alles, was ich hier sagen durfte, und lebt danach. Und vertut eure Zeit nicht mit Rechnerei oder Spekulation! Lebt die Liebe, dann liebt ihr Gott.

Meine Erscheinungen in der Welt, wie sie im Moment sind, werden bald enden. Dann werden die Menschen mich vorläufig nicht sehen. Doch führe ich sie über Gedanken und vielleicht über Einsprachen,

das liegt in Gottes Hand, das kann ich nicht sagen. Die neue Zeit, von der ich sprach, kommt erst sehr, sehr viel später, weil man im Himmel die Zeit ganz anders misst als auf der Erde. Es wird jetzt eine Zeitperiode geben, wo die Menschen, nachdem meine Erscheinungen, die ich im Moment noch fortfahre in der ganzen Welt, enden, wo die Menschen sich entscheiden müssen für oder gegen Gott. Später kommt eine Zeit, wo sie sich entschieden haben, und dann, dann wird man alles mit offenen Augen sehen, viel, viel später. Es sind viele Zeiten.“

Die Seherin Marion, die die Botschaft bekam, verstand die Botschaft nicht und schaute sich fragend um. Später bekam sie die Eingebung: „Offenbarung 20“.

Es besteht die weitverbreitete Meinung, dass mit der Wiederkunft Jesu auch das Ende der Welt gekommen sei. Diese Ansicht steht aber nicht im Einklang mit der Heiligen Schrift.

Nach der Niederlage des Antichrist und des Tieres durch die Wiederkunft Jesu und der 42 Monate dauernden antichristlichen Weltherrschaft (Offb. 13, 7), in der die römisch-katholische Kirche verboten und das tägliche Messopfer 1290 Tage (Dan. 12, 11) lang durch den Antichrist abgeschafft und verboten wird, wird eine neue und letzte Zeitepoche anbrechen. (Offb. 21, 5: „Seht, ich mache alles neu.“)

Die Seherin Marion bekam die Eingebung Offenbarung 20. Die Offenbarung K. 20 schildert das sogenannte Tausendjährige Reich. Wobei tausend Jahre nur als eine symbolische Zahl zu verstehen ist für eine sehr lange und neue Zeit der Menschheitsgeschichte.

Nach dem Ende der antichristlichen Weltherrschaft und der Unterdrückung der römisch-katholischen Kirche, der hl. Eucharistie und der Reinigung der Welt, Menschheit und Kirche wird unser Planet ein völlig neues Aussehen und andere Lebensbedingungen erhalten als bisher. Die Kirche wird in einem glanzvollen neuen Licht erstrahlen und die Menschen, die das Standbild des Tieres (Offb. 20, 4 – 6) nicht anbeteten und das Kennzeichen nicht auf ihrer Stirn oder an ihrer Hand haben anbringen lassen, werden in einer neuen Zeit leben, die viel schöner ist als je zuvor, und voller Vertrauen auf Gott, sagt die Muttergottes.

Nach diesem (symbolisch) tausendjährigen Reich, so die Offenbarung 20, wird Satan aus seinem Gefängnis wieder freigelassen, um die Völker nochmals zu verführen. Dann wird es den letzten Kampf gegen das Volk Gottes geben. (Offb. 20, 10): „Und der Teufel, ihr Verführer, wurde in den See von brennendem Schwefel geworfen, **wo auch das Tier und der falsche Prophet sind.** Tag und Nacht werden sie gequält, in alle Ewigkeit." Danach (Offb. 21) kommt das neue, himmlische Jerusalem.

Die Muttergottes sagte am 17. Oktober in Marpingen, wenn ihre Erscheinungen in der ganzen Welt enden, wird es eine große Entscheidungszeit für die Menschheit geben, in der sie sich für oder gegen Gott entscheiden wird. Diese Zeit wird auch eine Zeit großer Ereignisse auf der Welt mit sich bringen, die dann die Spreu vom Weizen trennen wird.

Die letzten Botschaften der Muttergottes (17. Oktober 1999)

Die Muttergottes schickt die drei Seherinnen zu einem Wegkreuz in der Umgebung von Marpingen. Eine kleine Gruppe begleitet die Seherinnen in einem Kleinbus, der von Claus Sträßer gefahren wird. Dort angekommen sagt Maria: **„Und jetzt will ich euch sagen, warum ich euch hierhergeführt habe. Betrachtet das Kreuz. Wie viele Kreuze habt ihr gesehen, als ich euch hierher geführt habe? Habt ihr bei einem der Kreuze jemanden stehen und beten sehen? Habt ihr einen gesehen, der kurz anhält und zu meinem Sohn geht und betet? Nein, sie lassen ihn allein. Sie lassen ihn ganz allein. – Sie nehmen die Kreuze noch nicht einmal wahr. Könnt ihr nun ermessen, wie wichtig euer Gebet ist, damit sich die Herzen öffnen? Betrachtet das Kreuz, meine Kinder!**

Wie viele Wegkreuze hat man schon weggeräumt! *Es ist ein Zeichen, dass sich die Menschen von Gott entfernt haben.* Es ist ein Zeichen, dass die Menschen sich eine Welt aufgebaut haben ohne Gott. Es ist ein schlechtes Zeichen, denn so wird die Welt verlorengehen. Aber ich habe euch die Heilmittel dazu schon genannt, und ich bitte euch, dass ihr als erste euch danach richtet, und durch eu-

er Gebet werde ich die Möglichkeit und die Kraft und die Macht haben, vom Vater die Bekehrung der Welt zu erflehen.

Ich knie vor jedem Wegkreuz. Ich bete ihn an. Ich liebe ihn für euch, damit er nicht so alleine ist. Aber nichtsdestotrotz wünsche ich und ich flehe euch heute an: Kehrt zurück zu meinem Sohn! Grüßt ihn, wenn ihr an einem Kreuz vorbeifahrt. Schenkt ihm euer Herz und haltet es ihm entgegen. Das gleiche tut, wenn ihr an einer Kirche vorbeifahrt, in der er oft so alleine ist und auf euch wartet. Er liebt euch so sehr, und mit jedem Kreuz erinnert er euch daran, was er für euch getan hat. Darum betrachtet sein Leiden, denn er hat es gelitten, um eure Seelen zu retten, um euch den Weg zu bahnen und zu öffnen für den Himmel. Er hat euch den Himmel aufgeschlossen mit dem Tragen seines Kreuzes und mit dem Tod am Kreuz. Darum haben früher viele Menschen Kreuze aufgerichtet, damit sie immer daran dachten, was Jesus, mein Sohn, für euch getan hat. Schmückt auch die Wegkreuze mit Blumen! Ehrt so meinen göttlichen Sohn!

Ich erscheine diesmal nicht visuell, weil ich euch das Kreuz meines Sohnes zeigen möchte! Schaut auf ihn, denn ich möchte zu ihm hinweisen, nicht auf mich. Ich bin nur die Mittlerin, er aber ist Gott. Ich bete nur mit euch, er aber ist Gott."

Die Seherinnen und die mitanwesende Gruppe um Pater Müller beten das Jesus-Gebet, das Maria am 21. August 1999 geschenkt hat. Danach sagt die Muttergottes, dass die drei jungen Frauen Judith, Christine und Marion einen Ort aufsuchen sollen, um sich zu erholen und etwas zu essen, da die letzte Erscheinung sehr viel Kraft kosten wird, bevor Maria das letzte Mal im heiligen Bereich, im Bereich der Gnadenkapelle erscheint.

Die letzte Erscheinung bei der Gnadenkapelle im Härtelwald (gegen 16.00 Uhr)

Christine und Marion bekamen von der Muttergottes die Botschaft, dass Satanisten und viele Sensationsgierige anwesend wären. Es gab sogar Bombendrohungen. Doch die Muttergottes gab die Zusicherung, dass diese Leute nicht zum Zuge kommen würden. Die Seherinnen blieben im Eingang der Kapelle auf Wunsch der Muttergottes stehen. Sie sagte, dass wir wegen der bestehenden Bedrohung IHRE Anweisungen befolgen sollen. Wir taten dies, obwohl die Vertreter der Medien und auch Pilger wünschten, dass wir aus der Kapelle heraustreten sollten. Christine sagte später, dass etwas geschehen wäre, wenn wir der Muttergottes nicht gehorsam gewesen wären.

Dann fallen die Seherinnen auf die Knie. Marion hat wieder das verzückte Lächeln, das verrät, dass die Erscheinung anwesend ist, auch Christine ist entrückt. Dann spricht Maria durch die drei Frauen: **„Meine Kinder! Uns freut, wenn ihr betet. Betet weiter, meine Kinder! - Es freut uns sehr, wenn ihr betet und singt! Es freut uns so sehr, wenn ihr betet und singt.** (Eine Jugendgruppe spielt alte und neue Lieder, und die Pilger singen und beten.)

Meine Kinder, ich freue mich so sehr, und mein göttlicher Sohn auch. Ihr erfreut unsere Herzen mit eurem Gebet. Betet und freut euch, dass der Herr sich euch offenbart hat. Ich möchte, dass ihr mit Freude nach Hause geht. Eure Herzen sollen voller Freude sein. Und diese Freude... gebt sie weiter, an alle, die euch begegnen. Reicht jedem die Hand und gebt eure Freude weiter und die Liebe, die ihr in euren Herzen tragt!

Verkündet überall auf der ganzen Welt, dass ich, eure himmlische Mutter, immer bei euch bin und euch nie verlasse... und dass ich mein Versprechen halte. Verkündet allen Völkern, dass Gott euch liebt mit all euren Schwächen und Fehlern. Er wartet auf euch und freut sich über jeden, der zurück zu ihm kommt. Verkündet es! Verkündet es in aller Welt: WIR LIEBEN EUCH.

Der Glaube macht die Menschen frei, er macht sie voller Freude. Er macht sie frei. Nichts in der Welt kann sie so frei machen wie der Glaube, der Glaube an Jesus Christus, unseren Herrn und Gott.“

Hier begannen Christine und Marion den Himmel – geöffnet – zu sehen und beschreiben entzückt und tief ergriffen, was sie sahen. Dann folgte die letzte Botschaft der Muttergottes: **„Meine Kinder! Mit diesen Bildern, die Marion und Christine beschrieben haben, möchte ich euch einen Einblick geben, wie wunderschön es im Himmel ist.**

Durch Marion habe ich ja schon gesagt, dass man keine Angst zu haben braucht vor dem Tod. Der Tod ist nur ein Übergang, ein Hinübergehen, ein Durchgehen durch einen Vorhang, um in das ewige Leben, in die ewige Glückseligkeit zu uns zu gelangen.

Meine Kinder! Lebt das, was ich euch hier gesagt habe! Lebt es, verwirklicht es in eurem Leben, und helft allen Menschen, die neben euch gehen, dass sie den gleichen Weg gehen. Holt sie da ab, wo sie stehen! Verurteilt niemanden! Alle Menschen werden von Gott geliebt, und so müsst ihr alle Menschen lieben.

Verwirklicht meine Worte, die ich euch in Marpingen gegeben habe, in eurem Leben. Dann lebt ihr so, wie Gott es von euch will. Dann lebt ihr so, dass ihr in die ewige Glückseligkeit eingehen könnt. Ihr braucht vor dem Tod, wenn ihr nach Gottes Geboten gelebt habt, keine Angst zu haben. Der Himmel ist der Lohn für euren Kampf, und euer Leben ist ein Kampf. Ihr dürft nicht mutlos werden und auch nicht aufhören zu kämpfen und zu sagen: Es hat doch alles keinen Sinn! Ihr müsst kämpfen. Ich habe gesagt, dass ich immer bei euch bin, dass ich euch in meinem unbefleckten Herzen trage, und dass ich eure Anliegen, auch die, die ihr heute alle mit hierhergebracht habt, vor Gottes Thron bringe. Ich kann nur diese Wünsche erfüllen, die im Plan des Vaters sind. Ich werde heute sehr viele Gnaden ausstreuen dürfen. Ich werde auch Kranke heilen an Leib und an Seele. Ich werde aber auch all denen, die nicht geheilt werden können, die Kraft geben, ihr Kreuz aus Liebe zu tragen, damit es für die Welt verdienstlich wird, d.h. damit ihr mir dadurch helft, die Welt für Gott zurückzuerobern, damit alle Menschen den Himmel so sehen, wie Marion und Christine ihn beschrieben haben.

Der Himmel ist die ewige Glückseligkeit und nicht ein Phantasiegebilde, das sich manche Menschen einzubilden scheinen. Es gibt einen Himmel, und es gibt eine Hölle, nur die Entscheidung, wo jeder einmal in Ewigkeit sein will, trifft jeder Mensch selbst. Gott verdammt niemanden. Das macht der Mensch selbst, indem er Gott nicht liebt. Deshalb bitte ich euch heute noch einmal:

> Erfüllt meine Bitten, folgt der Lehre der Kirche,
> seid treu dem Papst, lebt die Gebote Gottes, seid

Kind, demütig, schlicht und klein, und lasst euch von mir, eurer himmlischen Mutter, führen.

Denn ich habe nur einen Wunsch und nur ein Ziel, euch in die ewige Glückseligkeit zu meinem Sohn Jesus und zu Gott, dem Herrn, zu führen. Ich liebe euch, meine Kinder, und ich sage es euch heute noch einmal, denn ich werde ja heute hier zum letzten Mal erscheinen in dieser Zeit. Habt aber keine Angst, ich bin immer bei euch, denn Jesus hat mich unter dem Kreuz euch zur Mutter geschenkt, und was Mutter sein heißt, werdet ihr erfahren, wenn ihr meine Hand nehmt und euch von mir führen lasst. Mein Sohn Jesus und auch ich, wir lieben euch sehr. Vergeßt es bitte nie in all eurem Leid. Immer daran denken: WIR LIEBEN EUCH! WIR LIEBEN EUCH SEHR!"

Die neue Erscheinung der Gottesmutter in Marpingen

Unter den Pilgern und auch in den Diskussionen im Fernsehen gab es Meinungsverschiedenheiten bezüglich kommender erneuter Erscheinungen der Muttergottes in Marpingen. Deshalb noch einmal die Aussagen Mariens in Marpingen 1999 bezüglich ihres Wiedererscheinens in Marpingen.

Maria sagte: **„...denn ich werde ja heute** (17. Oktober 1999) **hier zum letzten Mal erscheinen in dieser Zeit..." „In einer späteren Zeit, wenn mein unbeflecktes Herz triumphiert hat, dann werden mich viele wieder in Marpingen sehen. Dann werde ich auch wieder sprechen zu meinen Kindern. Das ist aber in einer späteren Zeit. In dieser späteren Zeit werden alle Herzen geöffnet sein, jeder wird mich hören können. Gott wird wieder ganz unter den Menschen sein. Habt also keine Angst, meine Kinder! Euer Ziel ist diese Zeit, von der ich sprach und die kommen wird. Dieses Versprechen gebe ich euch..."**

Die Muttergottes wird wiederkommen nach Marpingen, wenn ihr unbeflecktes Herz triumphiert hat. Der Triumph des unbefleckten Herzens Mariens erfolgt mit der Wiederkunft Jesu Christi, wenn er kommt mit großer Macht und Herrlichkeit. Das heißt, dass vorher die

Welt, die Menschheit und die Kirche von Gottlosigkeit, Irrlehren, falschen Propheten, von Götzendienst, Verführern, Gottes- und Kirchenfeinden und Verrätern gereinigt wird.

Die Muttergottes sagt: **„Gott wird in der Welt siegen, und es wird eine Zeit anbrechen, die viel schöner ist als alles je zuvor, voll Vertrauen auf Gott.“**

Diese kommende neue Zeit, von der die Muttergottes spricht, ist das letzte Zeitalter der Welt und Menschheit: das Reich des Hl. Geistes oder, wie es Johannes in der Offenbarung nennt, das 1000jährige Reich, wobei 1000 Jahre – wie schon gesagt – symbolisch für eine sehr lange Zeitepoche gemeint sind. Nach dem 1000jährigen Reich beschreibt Johannes den letzten Kampf Satans gegen das Volk Gottes und seine endgültige Niederlage und die Herabkunft des neuen (himmlischen) Jerusalem.

Was uns erwartet, ist also eine völlig erneuerte Welt, Menschheit und Kirche.

Auch Petrus berichtet in seinem zweiten Brief über die erneuerte Welt, die uns erwartet:

„Das eine aber, liebe Brüder, dürft ihr nicht übersehen: dass beim Herrn ein Tag wie tausend Jahre und tausend Jahre wie ein Tag sind. Der Herr zögert nicht mit der Erfüllung der Verheißung, wie einige meinen, die von Verzögerung reden; er ist nur geduldig mit euch, weil er nicht will, dass jemand zugrunde geht, sondern dass alle sich bekehren. Der Tag des Herrn wird aber kommen wie ein Dieb. Dann wird der Himmel prasselnd vergehen, die Elemente werden verbrannt und aufgelöst, die Erde und alles, was auf ihr ist, werden (nicht mehr) gefunden.

Wenn sich das alles in dieser Weise auflöst, wie heilig und fromm müsst ihr dann leben, den Tag Gottes erwarten und seine Ankunft beschleunigen! An jenem Tag wird sich der Himmel im Feuer auflösen und die Elemente werden im Brand zerschmelzen. Dann erwarten wir, seiner Verheißung gemäß, einen neuen Himmel und eine neue Erde, in denen die Gerechtigkeit wohnt“ (2. Petr. 3, 8 – 13).

Habt keine Angst!

Die am meisten verwendeten Worte der Muttergottes in Marpingen waren: **Liebe,** und **habt keine Angst!** Wer bei Gott ist und für Gott ist und seine Gebote hält, braucht sich vor nichts, aber auch gar nichts zu fürchten.

Das Evangelium ist die Frohe Botschaft schlechthin. Es berichtet uns, dass Gott selbst sich aus Liebe am Kreuz geopfert hat, um die gefallene Menschheit zu erlösen und das Tor für die Ewigkeit bei Gott wieder aufzuschließen. Aber das Sühneopfer des Gottessohnes gibt es nicht umsonst. Er erwartet von uns, dass wir seine Gebote und die seiner Kirche befolgen. Da wir Menschen schwach sind und immer wieder in die Sünde fallen, hat er uns das unglaubliche Geschenk des Bußsakramentes hinterlassen, in dem wir uns immer wieder mit Gott versöhnen dürfen, wenn wir gefallen sind. Leider ist es den falschen Propheten auf dramatische Weise geglückt, auch in der katholischen Kirche das Sündenbewusstsein der Menschen zu verdunsten und die Beichtstühle verwaisen zu lassen.

Die Erde ist kein Spaßplanet, sondern ein Bewährungsplanet für oder gegen Gott, und er lässt uns die Freiheit, sich für oder gegen ihn zu entscheiden, und tut es aus Liebe. Allerdings ist das Evangelium auch eine Mahnbotschaft für die konsequente Gerechtigkeit Gottes, aber keine Drohbotschaft oder gar Angstmacherei. Lassen wir uns nicht verwirren.

Als der Bote des Allmächtigen vor das Mädchen Mirjam in Nazaret trat, sagte er: „Fürchte dich nicht..." Auch der Auferstandene überraschte und beruhigte seine Jünger mit der Aufforderung: „Fürchtet euch nicht." So sagt auch die Muttergottes in Marpingen unentwegt: „Habt keine Angst – wir lieben euch!"

Was steht der Welt bevor?

Die größte Gefahr, die auf uns und auf die römisch-katholische Kirche wartet, ist nicht der Islam oder eine andere Religion. Auch Atheisten oder Gottesleugner sind nicht wirklich gefährlich. Die wahre Gefahr kommt von einer falschen Ökumene, die gelenkt und vorbereitet wird von der kirchlichen Freimaurerei.

Ich habe im Verlauf dieses Buches schon darüber geschrieben, aber auf Grund der Wichtigkeit der kommenden Ereignisse will ich hier noch einmal die Worte der Muttergottes wiederholen: **„Schaut auf meinen lieben Sohn. Seine Kirche ist in Gefahr. Die Schafe folgen nicht mehr ihrem Hirten** (Anm.: dem Papst), **der sie schützt und liebt, sie folgen dem Wolf im Schafspelz: Meine Priester, was könnt ihr tun? Folgt nicht dem Wolf, bleibt meinem Hirten treu."**

„Ihr, meine Kinder, werdet meine Kirche nur noch schwinden sehen, jedoch die jüngere Generation, die des Gebetes bedarf, wird die Kirche erneuern. Seht, die Finsternis plant eine Weltreligion, die der göttlichen Wahrheit fern ist. Alles soll vereinheitlicht, weltlich vereinheitlicht werden unter der Voraussicht, Einigkeit und Frieden auf der Erde zu finden, wenn es keine Unterschiede mehr gibt unter den verschiedenen Religionen. Doch diese ist nur eine Scheinreligion, die die Menschen lenkbar machen soll. Ist dieser Zeitpunkt auf der Erde erreicht, so wird es gewaltige Umbrüche geben. Besonders Europa wird davon betroffen sein, und dies ist auch der Grund für mein Kommen.

Seht, wie oft bin ich in Europa schon erschienen? Doch all diese Ereignisse sollen euch nicht ängstigen, denn diese müssen geschehen, damit mein göttlicher Sohn Jesus Christus zu euch kommen kann und ihr ihn erkennt und empfangt, wie es einem König gebührt. Meine Kinder, ich gehe meinem Sohn voraus. Seid gesegnet."

„Die Kirche ist die Wahrheit, weil Jesus nur ihr es anvertraut hat, den gesamten Glaubensschatz in seiner Vollständigkeit zu hüten. Er hat ihn der hierarchischen Kirche anvertraut, das heißt dem Papst und den mit ihm vereinten Bischöfen.

Die kirchliche Freimaurerei sucht diese Wirklichkeit durch den falschen Ökumenismus zu zerstören, der dazu führt, alle christlichen Kirchen anzunehmen, indem behauptet wird, dass jede von ihnen einen Teil der Wahrheit besitzt. Sie betreibt den Plan, eine allgemeine ökumenische Kirche zu gründen, die aus dem Zusammenschluß aller christlichen Konfessionen gebildet wird, unter ihnen die katholische Kirche."

„666 zweimal angegeben, das heißt mal zwei, drückt das Jahr 1332, tausenddreihundertzweiunddreißig, aus.

In dieser historischen Periode manifestiert sich der Antichrist mit einem radikalen Angriff auf den Glauben an das Wort Gottes.

Durch die Philosophen, die anfangen, ausschließlich der Wissenschaft einen Wert zu geben und dann der Vernunft, strebt man allmählich an, den menschlichen Verstand allein zum einzigen Kriterium der Wahrheit zu machen. Die großen philosophischen Irrtümer, die durch Jahrhunderte bis in unsere Tage fortdauern, werden geboren.

Die der Vernunft als dem ausschließlichen Kriterium der Wahrheit zugeschriebene übertriebene Wichtigkeit führt notwendigerweise zur Zerstörung des Glaubens an das Wort Gottes.

In der Tat, mit der protestantischen Reform weist man die Überlieferung als Quelle der göttlichen Offenbarung zurück und anerkennt nur die Heilige Schrift.

Aber auch diese muß durch die Vernunft interpretiert werden und starrsinnig weist man das authentische Lehramt der hierarchischen Kirche, dem Christus es anvertraut hat, den Glaubensschatz zu hüten, zurück.

„Jeder ist frei, die Heilige Schrift zu lesen und nach seiner persönlichen Auslegung zu verstehen."

Auf diese Weise wird der Glaube an das Wort Gottes zerstört!

Das Werk des Antichrist in dieser historischen Periode ist die Spaltung der Kirche und die sich daraus ergebende Bildung neuer und zahlreicher christlicher Konfessionen, die allmählich zu einem immer umfassenderen Verlust des wahren Glaubens an das Wort Gottes gedrängt werden."

„666 dreimal angegeben, das ist mal 3, drückt das Jahr 1998, tausendneunhundertachtundneunzig, aus.

In dieser historischen Periode wird die Freimaurerei, unterstützt von der kirchlichen, ihr großes Ziel erreichen, ein Idol zu errichten, um es an die Stelle Christi und seiner Kirche zu setzen:

Einen falschen Christus und eine falsche Kirche. Deshalb ist das Standbild, das zu Ehren des ersten Tieres errichtet wurde, um von

allen Bewohnern der Erde angebetet zu werden, und das mit seinem Kennzeichen alle jene bezeichnen wird, die kaufen oder verkaufen wollen, jenes des Antichrist.

So seid ihr am Höhepunkt der Läuterung, der großen Bedrängnis und des Abfalls angelangt. (Anm.: Deshalb kam die Muttergottes 1999 in schwer bedrängter Zeit.)

Die Apostasie wird nun allgemein sein, weil fast alle dem falschen Christus und der falschen Kirche folgen werden.

Dann wird das Tor geöffnet sein für das Erscheinen des Menschen oder der Person des Antichrist selbst.

Das ist der Grund, vielgeliebte Söhne, warum ich euch die Seiten der Offenbarung erklären wollte, die sich auf die Zeit in der ihr lebt, beziehen.

Das geschieht deshalb, um euch mit mir auf den schmerzlichsten und entscheidendsten Teil der großen Schlacht vorzubereiten, die gerade zwischen eurer himmlischen Mutter und allen Kräften des Bösen, die entfesselt sind, ausgetragen wird..."

Dass die vielen unablässigen Forderungen nach dem gemeinsamen Abendmahl Früchte tragen werden, sei durch die Botschaft und die Visionen der Seherin von Sievernich noch einmal verdeutlicht: **„Aus der Wolke, auf der die Muttergottes stand, ist nun eine Erdkugel geworden. Der Stiefel Italien rückte näher. Ich sah die Stadt Rom und den Vatikan. Dann sah ich einen Versammlungsraum, wo viele Kardinäle saßen, die diskutierten. In der Diskussion ging es um die Vereinheitlichung der Messfeier ohne Eucharistie. Es soll nur noch ein Brot gebrochen werden, gemeinsam mit der Gemeinde, da viele nicht mehr an die Eucharistie glauben."**

Wie ist das zu verstehen, wenn die Muttergottes schon am 14. Mai 1989 voraussagte, dass es der kirchlichen Freimaurerei im Jahr 1998 gelingen wird, ihr großes Ziel der falschen Kirche zu erreichen?

Während ich diese Zeilen schreibe, befinden wir uns im Jahr 2009 und viele Menschen, d.h. Katholiken, ahnen noch nicht einmal das Entstehen einer falschen Kirche. Diese falsche Kirche existiert schon, zwar noch nicht öffentlich und als Körperschaft, sondern in den Köpfen und Herzen der Menschen, d.h. sehr vieler Katholiken. Da sind schon die vielen Interkommunionen oder die Umfrage-Ergebnisse, dass 88 Prozent der Katholiken das gemeinsame Abendmahl befürworten oder dass 76 Prozent der Katholiken zum Ungehorsam gegen den Papst aufrufen, das zeigt alleine schon, was die Stunde geschlagen hat.

Es müssen nur noch die notwendigen Ereignisse eintreten, die den passenden Zeitpunkt dafür schaffen, dass diese Körperschaft oder Institution der falschen Kirche ausgerufen wird.

Halten wir uns an den Papst, und wenn er nicht mehr da ist, an die mit ihm verbundenen Priester, Bischöfe und Kardinäle, um auf der sicheren Seite zu stehen, so wie es die Muttergottes sagt.

Außerdem wird der Himmel nicht schweigen oder tatenlos zusehen und, tun wir das, was wir beten: **„Unter deinen Schutz und Schirm fliehen wir, o heilige Gottesmutter..."**

Aufsehen erregende Erlebnisse in Marpingen

Die weiße Frau

Am 10. Erscheinungstag, den 21. August 1999, teilte die Muttergottes den Seherinnen mit, dass sie an 2 Tagen hintereinander erscheinen würde, und zwar am Sonntag, dem 5. und Montag, dem 6. September.

Christina und ich beschlossen, vom 5. auf den 6. September in Marpingen zu übernachten.

Wir wollten aber nicht in ein Hotel gehen, sondern ganz urig im Schlafsack hinter der Grotte im Wald übernachten. Maria erschien den Seherinnen überwiegend vor der Grotte, so hatten wir das Gefühl, an einem besonderen Ort zu schlafen.

So holten wir also am Sonntagabend nach der Erscheinung unsere Schlafsäcke aus dem Auto und machten es uns hinter der Grotte gemütlich. Auch an diesem 5. September waren mehrere Fernsehanstalten durch ihre Kameraleute vertreten sowie einige tausend Pilger, die den Ereignissen an diesem Tag beiwohnten. Wider Erwarten waren Christina und ich die einzigen, die im Härtelwald hinter der Grotte übernachteten.

Ich hatte mir vorgenommen, vor der Grotte, an der die Erscheinung am 5. September stattfand, zu beten, aber erst dann, wenn alle Pilger den Härtelwald verlassen hatten, da ich in meinem neu-bekehrten Zustand, verstärkt durch die Erlebnisse in Marpingen, sehr ergriffen war und wusste, dass es bei meinem Gebet nicht ohne Tränen abgehen würde. Das sollten andere Menschen auf gar keinen Fall mitbekommen. Heute wäre es mir egal, aber seinerzeit wollte ich mir auf gar keinen Fall eine solche Blöße geben.

Viele Leute jedoch blieben noch nach der Erscheinung an der Gnadenstätte. Die Bänke gegenüber der Grotte waren fast alle besetzt mit Pilgern und auch in der hellerleuchteten Gnadenkapelle beteten noch Menschen den Rosenkranz. So verging Stunde um Stunde, ich schaute auf die Uhr, es war gegen Mitternacht und hörte in meinem Schlafsack liegend immer noch Gebete und Gesänge, die aus der Kapelle kamen.

Christina schlief schon längst tief und fest. Inzwischen war es ein Uhr morgens und ich beschloss, ebenfalls zu schlafen und auf das Gebet an der Grotte zu verzichten. Aber ich fand keinen Schlaf, auch bedingt durch die ungemütliche Lage auf dem steinigen und unebenen

Waldboden. So gegen zwei Uhr wurde es merklich stiller im Härtelwald und auch in der Kapelle schien niemand mehr zu sein. Ich schälte mich aus meinem Schlafsack, stieg über eine der Seitenwände, die links und rechts von der Grotte waren, und ging die fünf Stufen, die zur Grotte hinaufführten, herunter auf den Platz, der sich vor der Grotte befand. Die Bänke waren leer bis auf drei Pilger, ich glaube, es waren Asiaten. Aber auch diese waren im Begriff zu gehen.

Ich schaute in die Kapelle, kein Mensch mehr anwesend. Ich betete drei Ave-Maria, verließ die Kapelle und auch die Asiaten waren nun weg. Endlich war ich, außer der schlafenden Christina, ganz alleine an der Erscheinungsstätte im Härtelwald.

Es war zwei Uhr in der Nacht, aber trotzdem war es nicht ganz dunkel, da es durch das Licht aus der offenstehenden Kapellentür und durch Hunderte von brennenden Opferkerzen, die Pilger entlang der Grotte aufgestellt hatten, verhältnismäßig hell auf dem Platz und an der Grotte war.

So ging ich die fünf Stufen zur Grotte hinauf, kniete mich vor die in der Grotte befindliche Marienstatue und fing an zu beten. Ich hatte kaum angefangen, als ich, wie schon befürchtet, ergriffen anfing zu weinen. Plötzlich jedoch hatte ich das Gefühl, nicht alleine zu sein.

Ich drehte meinen Kopf leicht nach links, da sah ich eine junge Frau, ganz in Weiß gekleidet, ihr Kleid reichte bis zum Boden, auf dem Kopf einen weißen Schleier, unter dem schwarze Haare zu erkennen waren. Ihre Hände vor der Brust zum Gebet gefaltet, schaute sie andächtig zur Grotte hinauf auf die Marienstatue mit dem Jesuskind. Es war eine wunderschöne junge Frau von vielleicht 25 bis 30 Jahren mit ausgeprägten Wangenknochen, die wahrscheinlich durch das Licht der Kerzen besonders betont wurden.

Mein erstes Gefühl war Wut. Jetzt war genau das eingetreten, was ich vermeiden wollte, dass mich jemand vor der Statue kniend beten und weinen sah. Eigentlich war es ganz ausgeschlossen, dass ich die Frau in Weiß vorher nicht bemerkt haben konnte. Ich hatte alles kontrolliert und außerdem hätte ich sie die Steinstufen zur Grotte heraufkommen hören müssen.

Mein Stolz war damals noch sehr ausgeprägt. Was würden wohl meine Freunde oder Mitarbeiter sagen, die allesamt von Gott, Glauben, Kirche und Marienerscheinungen meilenweit entfernt waren? Die sich über die Berichte in den Medien über die Marpinger Ereignisse lustig machten und sie mit Spott überzogen.

Einer der Kommentare meiner Freunde lautete: „Wie kann man einen solchen Quatsch in einem aufgeklärten 20sten Jahrhundert noch glauben?“ Was würden sie wohl sagen, wenn sie mich mitten in der Nacht kniend, betend und weinend vor der Marpinger Grotte sehen würden? Ich stand sofort auf, stieg über die zirka 80 cm hohe Mauer, um hinter die Grotte zu Christina und meinem Schlafsack zu gelangen. Während ich über die Mauer stieg, drehte ich mich noch einmal um und sah, dass die Frau in Weiß jetzt genau da stand, wo ich vorher gekniet hatte. Kerzengerade stand sie, auf die Statue mit dem Jesuskind schauend da, und machte andächtig und so ehrfürchtig das Kreuzzeichen, wie ich es noch niemals zuvor bei einem Menschen gesehen hatte. Das beeindruckte mich derart, dass meine Wut durch die ungewünschte Anwesenheit dieser zwar wunderschönen, aber doch sehr seltsamen Frau sogleich verflogen war.

„Meine Güte, ist diese Frau fromm“, dachte ich beeindruckt, bevor ich einschlief.

Der Schrei eines Greifvogels weckte mich. Es ist sechs Uhr in der Frühe. Ich habe nur knapp vier Stunden geschlafen und fühle mich trotzdem wunderbar ausgeschlafen trotz steinigem, unebenen Waldboden; vielleicht lag es auch an der wunderbaren Waldluft, dass ich mich frisch und gut fühlte. Ich zog meine Lederjacke an, setzte mich auf einen Baumstumpf und rauchte eine Zigarette; ich habe es bisher leider immer noch nicht geschafft, davon loszukommen. Während ich so dasaß, lief ein Eichhörnchen umher und näherte sich langsam der immer noch tief und fest schlafenden Christina, von der nur ein kleiner Teil ihres schwarzen Wuschelkopfes aus dem Schlafsack lugte.

Links neben der Grotte führt ein Weg auf den Berg, wo sich die Gnadenquelle samt der Dreifaltigkeitskapelle befindet. Diesem Weg entlang, der ziemlich steil nach oben führt, befinden sich auch die Kreuzwegstationen.

Während ich so auf dem Baumstumpf saß, sah ich plötzlich, wie die Frau in Weiß, die mir ein paar Stunden vorher an der Grotte begegnete, langsam diesen Kreuzweg hinaufging. Ich schaute ihr ein wenig nach und dachte, die ist genauso verrückt wie ich, steht in der Nacht um zwei Uhr vor der Grotte und geht morgens um sechs den Kreuzweg hinauf, dabei ist sie auffällig angezogen wie eine Braut.

Dann machte sich Christina bemerkbar, die aufgewacht war. Als wir die Schlafsäcke im Auto verstaut hatten, gingen wir in den Ort, um zu frühstücken. Während ich frühstückte - Christina war schon fertig - las sie mir aus den „Kurzberichten über die jüngsten Ereignisse von Marpingen“ vor. Diese Berichte lagen an der Erscheinungsstätte aus, in ihnen waren die Botschaften der letzten Erscheinungstage und unter anderem auch Berichte von Pilgern, die besondere Erlebnisse hatten. Christina las mir vor, wie ein Ehepaar mit Bekannten aus Saarbrücken und mit ihrer Tochter nach Marpingen kamen, da sie von den Ereignissen im Fernsehen erfahren hatten und sich „diesen Quatsch“, wie sie meinten, anschauen wollten. Es war der siebte Erscheinungstag, der 20. Juni 1999.

Die Leute aus Saarbrücken waren schon sehr früh am Morgen in den Härtelwald zur Erscheinungsstelle an der Grotte gekommen, da die Erscheinung gegen acht Uhr in der Frühe angesagt war. Auf den für die Pilger aufgestellten Bänken saßen schon sehr viele Menschen, die den Rosenkranz beteten. Die Leute aus Saarbrücken harrten der Dinge, die da kommen sollten. Sie wollten einmal selbst diesen Hokuspokus erleben, von dem sie schon so viel in den Medien gehört und gesehen hatten.

Plötzlich sah der Ehemann eine Frau, ganz auffällig wie eine Braut in Weiß gekleidet, mit einem ebenfalls weißen Schleier auf dem Kopf, an der Grotte knien. Sie hatte die Hände vor der Brust zum Gebet gefaltet. Die Frau in Weiß machte auf ihn nicht nur einen sehr edlen und würdevollen Eindruck, sondern über ihrem Kopf glaubte er eine Art Lichtkranz zu sehen, was seine Frau bestätigte, die, ebenfalls fasziniert, die Frau in Weiß beobachtete.

Rechts und links der Grotte befanden sich an Fahnenstangen lange weiß-blaue Fahnen, die im starken Morgenwind hin und her flatterten. Der Schleier der Frau jedoch bewegte sich keinen Zentimeter. Urplötzlich war sie spurlos wie vom Erdboden verschwunden.

Während Christina mir das vorlas, fiel es mir wie Schuppen von den

Augen. „Die Beschreibung der Leute aus Saarbrücken bezüglich der weißen Frau passt genau auf die rätselhafte Dame in Weiß, die ich nachts und um sechs Uhr in der Frühe gesehen habe", platzte ich heraus.

Erst einen Tag später, als ich am 7. September mit dem Auto einen Kundentermin anfuhr, wurde mir während der Fahrt mitten im Karlsruher Verkehrsgewühl so richtig bewusst, wer die Frau in Weiß eine Nacht vorher gewesen sein könnte. „Die Muttergottes", schoss es mir durch den Kopf, meine Glieder begannen zu zittern und ich war froh, vor dem Haus des Kunden schnell einen Parkplatz gefunden zu haben.

Nach und nach wurde mir klar, warum ich so lange gebraucht hatte, bis ich begriff und dann ergriffen war, wer die weiße Frau nachts um zwei Uhr an der Marpinger Grotte gewesen sein könnte. Ich kam zu dem Schluß, dass um mein Bewusstsein vielleicht ein gewisser Schleier gelegt wurde, um mich zu schützen.

Von Seherinnen und Sehern ist bekannt, dass sie während der Erscheinungen in einem gewissen Stadium der Ekstase sind, der es erst möglich macht, als Mensch aus Fleisch und Blut, mit eingeschränktem irdischen Bewusstsein, Raum und Zeit zu verlassen, um mit der Frau aus der Ewigkeit in Kontakt treten zu können, ohne überzuschnappen.

Ein wunderschöner Oktobertag - Frau mit Kind

Am 17. Oktober 1999 versammelten sich laut Medien-Angaben zirka 40.000 Menschen am Erscheinungsort im Marpinger Härtelwald. Es war ein wunderschöner, aber sehr kalter Oktobertag, und es war die letzte von insgesamt 13 öffentlichen Erscheinungen.

Wir hatten uns immer vorgenommen, bei den Erscheinungen, an denen wir teilnahmen, Fotos zur Erinnerung an diese wunderschöne Zeit zu machen, die wir bei unseren Besuchen von Juli bis Oktober erleben durften. Es hatte nie geklappt. Entweder vergaßen wir die Kamera oder es war kein Film mehr im Apparat und zu guter Letzt war der alte Fotoapparat defekt.

Mit einer neuen Kamera für 60,00 DM und einem neuen Film rückten wir also am 17. Oktober 1999 in Marpingen an. Während der Erscheinung forderte ich Christina, die den Apparat in ihrer Handtasche hatte, auf, zu fotografieren. Wenige Tage danach ließen wir den Film entwickeln und waren vom Ergebnis enttäuscht. Die Fotos, die Christina machte, während die drei Seherinnen in Ekstase waren und Erscheinungen hatten, waren vollkommen misslungen. Wegwerfen wollten wir aber die gemachten Fotos nicht, denn sie waren unsere einzigen fotografischen Erinnerungen an die Ereignisse von Marpingen 1999.

Pater Dr. Jörg Müller begleitete die drei Seherinnen ab dem 18. Juli '99 in seiner Eigenschaft als Priester, aber auch als Psychologe und führte umfangreiche psychologische Tests an den Seherinnen durch, die er in seinem Buch „Von Maria zu reden, ist gefährlich" veröffentlicht hat. Dieses Buch war schon kurze Zeit nach den Ereignissen im Härtelwald erhältlich.

Selbstverständlich haben wir es uns auch sofort gekauft.

Pater Müller schreibt auf Seite 88: „Im übrigen ist ein Zeichen (Anm.: am 17. Okt. '99) versprochen worden, das sich am Nachmittag tatsächlich ereignete. Marion (eine der Seherinnen) erhielt noch im Pater-Pio-Haus die Botschaft, dass es Lichtzeichen geben werde, die die Amateurfilmer festhalten und erst nach der Entwicklung des Films erkennen werden." Spaßeshalber holte ich unsere Fotos aus der Schublade; vielleicht war doch etwas auf unseren Fotos, so war jedenfalls meine Hoffnung.

Als ich die Fotos nach eventuellen Zeichen überprüfte, war natürlich nichts zu sehen, dachte ich jedenfalls. Ich hatte aber nicht mit den Adleraugen Christinas gerechnet, die sich die Bilder ebenfalls anschaute und sich nicht auf meine weniger guten Augen verließ. „Ich sehe was, ich sehe etwas", hörte ich Christina aufgeregt rufen, während ich in der Küche war und Kaffee machte. Als ich ins Wohnzimmer kam, stand Christina mit den Bildern am Fenster und winkte mich zu sich. Dann zeigte sie mit dem Finger auf eine Stelle des Bildes und ich sah nur Bäume, die oberhalb der Grotte stehen. Als ich auf ihr Drängen längere Zeit auf den Punkt, den sie mit ihrem Finger bezeichnete, sah, erkannte ich ganz verborgen und undeutlich eine Frau mit einem dunklen Schleier, die auf dem linken Arm ein Kind hält.

Eingerahmt wird diese Frau mit Kind von einem Halbkreis, bestehend aus einer Art runder Perlen. Über diesem Kreis oberhalb des Kopfes noch eine Perle, die eventuell wie eine Krone aussieht.

Am nächsten Tag ging ich in mein Fotostudio und ließ diese Stelle mit der Frau und dem Kind vergrößern.

Wie man auf der Vergrößerung sehen kann, ist ganz deutlich eine Frau zu erkennen, die ein Kind auf dem linken Arm hält.

Wir sahen das große Sonnenwunder...

Christina und ich besuchen seit 1999 oft den Gnadenort im Saarland. Als wir wieder einmal in Marpingen waren und danach die Heimreise antraten, hatten wir ein Erlebnis, an das wir heute noch sehr oft denken. Wir wohnten damals noch in Karlsruhe, etwa 150 km von Marpingen entfernt.

Auf der Heimreise vom Härtelwald waren wir etwa 25 km vor Karlsruhe auf der Autobahn in der Nähe von Bruchsal, als der wolkenverhangene Himmel aufriss und nur noch eine große schwarze Wolke den Himmel bedeckte. Die Ränder dieser Wolke fingen plötzlich an, feuerrot zu glühen, wie wenn sie Feuer gefangen hätten. Auf der Autobahn war reger Verkehr, deshalb musste ich mich sehr konzentrieren, während Christina mich aufgeregt aufforderte, diese Wolke anzuschauen. Christina war so aufgeregt bezüglich dieser brennenden Wolke, dass ich das Auto stark abbremste und auf die rechte Spur wechselte, wo hauptsächlich die LKW's fuhren.

Dann kam die Sonne aus der Wolke heraus und die Landschaft war in gleißendes Licht gehüllt. Christina war total außer sich und rief immerzu: „Schau in die Sonne, schau in die Sonne..." Als es die Verkehrssituation erlaubte, schaute ich vorsichtig in Richtung Sonne und stellte fest, dass es mir nichts ausmachte; ich konnte in die Sonne sehen. Sie pulsierte im Rhythmus, wie ein Herz schlägt. Christina und ich hatten das Gefühl, als wenn uns die Sonne mitteilen wollte: „Wir lieben euch! Wir lieben euch – wir lieben euch!"

Während der ganzen langen 25 Kilometer bis nach Karlsruhe konnten wir ungehindert in die Sonne schauen. Wir wollten noch meine Mutter besuchen, die in einem Karlsruher Vorort wohnte. Bei meiner Mutter angekommen, stiegen wir aus dem Auto, fasziniert schauten wir zur Sonne hoch: Wir konnten immer noch hineinschauen. Aus der Nachbarschaft meiner Mutter kam ein Mann aus dem Haus und lief in unsere Richtung. Als er bei uns angekommen war, fragte ich ihn, ob ihm an der Sonne was auffallen würde?

Er versuchte, mit der Hand vor den Augen zur Sonne zu schauen, aber es war völlig unmöglich für ihn. So sagte er uns, dass er nichts feststellen könne, da die Sonne ihn blendete. Da sagte ich ihm, dass wir beide voll in die Sonne schauen können, ohne geblendet zu sein; ich wollte sehen, wie er darauf reagiert. Wortlos und kopfschüttelnd ging dieser Herr weiter, sein Gesichtsausdruck verriet mir, dass er uns wahrscheinlich für Spinner hielt. Als ich wieder zur Sonne schauen wollte, ging es nicht mehr, ich wurde voll geblendet. Christina jedoch war es immer noch möglich, ungeschützt in die Sonne zu schauen.

Als wir bei meiner Mutter die Wohnung betraten, erzählten wir ihr von dem Sonnenwunder.

Wir gingen alle auf den Balkon und siehe da, jetzt konnte auch Christina nicht mehr in die Sonne schauen.

Jesus, der König des Weltalls

Am 6. September 1999 gab Jesus selbst unter anderem die Botschaft: **„...Ich bin der König des Weltalls, ich bin der König der Barmherzigkeit, ich bin der König der Liebe, ...“**

Am 3. März 2000 besuchten Christina und ich zum ersten Mal nach den großen Ereignissen von 1999 wieder Marpingen. Es war ein nasskalter Tag mit viel Schneeregen. Meine Schuhe waren durchnässt, da ich leichte Stadtschuhe mit dünner Ledersohle anhatte und dadurch ziemlich fror, weil wir uns lange im Freien aufhielten.

Vor der Heimreise begaben wir uns noch in die Gnadenkapelle und beteten. Christina sagte zu mir, dass sie noch hoch zur Quelle gehen wollte, um Gnadenwasser abzufüllen, das wir nach Hause nehmen wollten. Ich blieb solange in der Kapelle.

Christina fotografierte, nachdem sie oben auf dem Berg im Härtelwald das Gnadenwasser abfüllte, auch die neben der Quelle befindliche Dreifaltigkeitskapelle und die Kreuzgruppe mit dem gekreuzigten Jesus, etwas unterhalb der Quelle. Nach dem Entwickeln der Bilder konnte man feststellen, dass um das Kreuz lauter Kreise sind, die teilweise wie Planeten aussehen, wie auf Seite 156 diese Bilder zeigen.

Vater
verzeih ihnen
INRI

Vater
verzeih ihnen
INRI

Man sollte nicht unbedingt die weißen Kreise anschauen, sondern mehr rechts unten und in der Tiefe. Sie sehen aus wie Planeten, das Weltall oder die Erdkugel.

Christina machte von der Kreuzgruppe 2 Bilder.

Das zweite Bild zeigt auch wieder Kreise und Bälle, die aussehen wie Planeten, die Erdkugel oder das Weltall. Aber um den Kopf des Gekreuzigten ist ein großer heller Kreis, der aussieht wie ein Heiligenschein.

Außerdem beleuchtet dieser Heiligenschein auch die Buchstaben „I N R I“, was nach dem Johannes-Evangelium heißt (Joh. 19, 19): **„Jesus von Nazaret, der König der Juden.“**

Dass der helle Schein um den Kopf des gekreuzigten Jesus die Buchstaben INRI ausleuchtet, sodass sie lesbar sind, könnte in ihrer Gesamtbedeutung heißen: „Jesus von Nazaret, der König der Juden, aber auch des Weltalls, der Barmherzigkeit und der Liebe“.

Auf allen Bildern und auch bei Bild eins konnte ich nicht feststellen, dass die Buchstaben „INRI“ auf den Fotos zu erkennen waren. Das Wort „INRI“ zu erkennen, war nur durch diesen hellen Kreis um das Haupt Jesu, wie bei Bild 2 zu sehen ist, möglich.

Fotoaufnahme an einem späteren Datum. Nach der Entwicklung der Bilder waren keine Planeten mehr zu sehen.

Am letzten Erscheinungstag, dem 17. Oktober 1999, lauteten die letzten Worte der Muttergottes: „ Denn ich habe nur einen Wunsch und nur ein Ziel, euch in die ewige Glückseligkeit zu meinem Sohn Jesus und zu Gott, dem Herrn, zu führen. Ich liebe euch, meine Kinder, und ich sage es euch noch einmal, denn ich werde ja heute hier zum letzten Mal erscheinen in dieser Zeit. Habt aber keine Angst, ich bin immer bei euch, denn Jesus hat mich euch zur Mutter geschenkt, und was Mutter sein heißt, werdet ihr erfahren, wenn ihr meine Hand nehmt und euch von mir führen lasst. Mein Sohn Jesus und auch ich, wir lieben euch sehr. Vergeßt es bitte nie in all eurem Leid. Immer daran denken: **Wir lieben euch! Wir lieben euch sehr! Verkündet es in aller Welt: Wir lieben euch!“**

Gleich darauf wurde der Duft von Rosen und Weihrauch von den Menschen wahrgenommen. An dem Platz, an dem wir standen, haben alle Rosen- und Weihrauchduft wahrgenommen. Die Leute waren regelrecht aufgeregt, ja freudig erregt durch diese starken Düfte. Auch andere, die in entgegengesetzter Richtung von uns standen, bestätigten, dass sie Rosen- und Weihrauchduft gerochen hatten. Auch im Fernsehen bezeugten Menschen, dasselbe.

Literatur-/ Quellenverzeichnis

J. Müller: „Von Maria zu reden, ist gefährlich“, Miriam-Verlag, D – 79798 Jestetten, 1999

Vereinigung im Dienste des Unbefleckten Herzens Mariens e.V. (Hrsg.): „Die Botschaften von Marpingen“ vom 17. Mai bis 17. Oktober 1999 nach den Original-Tonbandmitschriften und „Über Marpingen hat sich der Himmel geöffnet“ – großartige Zeugnisse von Pilger-Band 1 – 2 und 3, bestellbar bei: Prof. Alois Heck, Kapellenweg 21, 66646 Marpingen, Tel.: 0653 / 922127

Kassettenaufnahmen der Botschaften: Die Beschreibung der Erscheinungen und die Wiedergabe der dabei vernommenen Worte durch die drei „Seherinnen“ finden sich im Original nur auf der Kassettenwiedergabe, die mit dem jeweils zugehörigen Textheft eine Einheit bildet. Nur das gesprochene Wort auf den Kassetten ermöglicht das ganze Verständnis der Botschaften. Erhältlich bei: Christian Kiefer, Saarlouiser Str. 89, 66798 Wallerfangen

H. Schotte: „Schaut her in mein Herz – Erschien Maria in Marpingen?“, Video / CD, zu beziehen bei: Hans Schotte Productions, Eichenstr. 14, 86316 Friedberg / Ottmaring, Tel.: 0821 / 603336 – Mit einmaligen Videoaufnahmen dokumentiert der Film die Erscheinungen von Mai bis Oktober 1999 und zeigt die Ereignisse, wie sie sich wirklich zugetragen haben (Anm.: sehr ergreifend).

J.M. Höcht: „Die große Botschaft von La Salette“, Christiana-Verlag, CH – 8260 Stein am Rhein, 2004

M. Müller: „Ich bin Maria, die Makellose – Die Botschaften von Sievernich“, Fe-Medienverlag GmbH, D – 88353 Kisslegg, 2003

Marianische Priesterbewegung: „An die Priester, die vielgeliebten Söhne der Muttergottes“, Blumenfeld, Schloßstr. 8, D – 78250 Tengen, 1998

Der letzte Kampf zwischen Licht und Finsternis

Es herrscht Krisenstimmung in der Welt; eine Krise jagt die andere: Bankenkrise, Autokrise, Exporteinbruch, Arbeitslosigkeit, dann zu allem Unglück noch Klimaerwärmung mit nachfolgenden Katastrophen, gleichzeitig die nicht enden wollenden Konflikte im Nahen Osten, von Palästina bis Pakistan ... Was bei all diesen wirtschaftlichen und politischen Problemen leicht vergessen wird, ist die moralische und religiöse Krise der Menschheit, die weit tiefer greift und sicherlich die Hauptursache all der anderen Nöte ist.

Der Autor dieses Buches, deckt nun schonungslos eben diese Krise der Moderne auf, die schon mit Renaissance und „Reformation" begonnen hat, sich in der Aufklärung und der Französischen Revolution fortsetzt, danach in noch schlimmerer Form in der Oktoberrevolution von 1917, und die nun ihrem Höhepunkt zustrebt. Vor allem aber zeigt er, ausgehend von der Apokalypse des Johannes, was hinter all dem steckt, und er scheut sich nicht, den roten Drachen des Kommunismus und das Tier der Freimaurerei beim Namen zu nennen.

Für Katholiken erschütternd sind die Ausführungen über die innerkirchliche Freimaurerei, die sich in der notorischen Widerspenstigkeit des deutschen Laienkatholizismus gegen den Hl. Stuhl ebenso zeigt wie in der ökumenischen Bewegung, welche die Unterschiede zwischen Katholizismus und Protestantismus immer mehr verwischt. Dazu kommt, daß die Freimaurerei parallel zur Errichtung eines Weltregiments durch die Vereinten Nationen auch die Schaffung einer Welteinheitsreligion anstrebt.

Man muß dem Autor zustimmen, von der Fülle der bedrohlichen Anzeichen für die nicht allzu ferne Herrschaft des Antichrist. Der eigentliche Zweck seiner Schrift ist dennoch nicht, unbestimmte Ängste zu schüren, sondern „die kleine Herde" derer, die noch treu zur Kirche stehen, in ihrem Glauben zu befestigen, damit sie den kommenden Stürmen im festen Vertrauen auf ihren am Ende aller Katastrophen wiederkommenden Herrn standzuhalten vermögen.

Eduard Josef Huber